全民阅读·经典小丛书

千万别和孩子这样说

好父母绝不对孩子说的40句话

QIANWAN BIEHE HAIZI ZHEYANG SHUO–HAOFUMU JUEBU DUI HAIZI SHUODE 40 JUHUA

冯慧娟 编

吉林出版集团股份有限公司

图书在版编目（CIP）数据

千万别和孩子这样说：好父母绝不对孩子说的40句话 / 冯慧娟编. — 长春：吉林出版集团股份有限公司,2017.3
（全民阅读. 经典小丛书）
ISBN 978-7-5581-0994-2

Ⅰ. ①千… Ⅱ. ①冯… Ⅲ. ①家庭教育 Ⅳ. ①G78

中国版本图书馆 CIP 数据核字 (2016) 第 307285 号

QIANWAN BIEHE HAIZI ZHEYANGSHUO:HAOFUMU JUEBUDUI HAIZI SHUODE 40JUHUA

千万别和孩子这样说：好父母绝不对孩子说的40句话

作　　者：冯慧娟　编
出版策划：孙　昶
选题策划：冯子龙
责任编辑：刘　洋　于媛媛
排　　版：新华智品
出　　版：吉林出版集团股份有限公司
（长春市福祉大路5788号，邮政编码：130118）
发　　行：吉林出版集团译文图书经营有限公司
（http://shop34896900.taobao.com）
电　　话：总编办 0431-81629909　营销部 0431-81629880 / 81629881
印　　刷：北京一鑫印务有限责任公司
开　　本：640mm × 940mm 1/16
印　　张：10
字　　数：130千字
版　　次：2017年3月第1版
印　　次：2019年6月第2次印刷
书　　号：ISBN 978-7-5581-0994-2
定　　价：32.00元

印装错误请与承印厂联系　电话：18611383393

前言

FOREWORD

是谁影响甚至决定了孩子的一生？儿童心理教育专家告诉我们——是父母。

孩子是在父母的监护下成长起来的，他们生活得是否快乐、幸福？在面对困难时会是什么心态？能否实现自己的理想？这些问题都会受到父母言行的影响。也许就因为父母的一句话，孩子丧失了自信和自尊；也许就因为父母的一句话，影响了孩子积极上进、为梦想而努力的信念……

正所谓覆水难收，父母不经意间的一句话无法收回，而孩子所受到的伤害也是很难弥补的。父母几乎每一天都跟孩子在一起，如果他们经常在孩子面前说一些对孩子有不良影响的话，那么日积月累，孩子所受的伤害也会越来越大。因此，哪些话一定不能说，是父母起码应该知道的。

针对父母在教育孩子过程中遇到的种种困惑，我们特别组织编辑了这本《千万别和孩子这样说：好父母绝不对孩子说的 40 句话》。本书对这些禁句做出了深刻的剖析，并通过对一些具体事例的描述形象地再现了生活中的场景，最后由专家给出专业性的指导。本书会告诉父母，孩子不断地发问时、孩子屡教不改时、孩子遇到挫折时、孩子学习成绩不理想时、孩子取得进步时、与孩子发生争执时……什么话一定不能说，又应如何去沟通，如何去做才会圆满地解决问题，并且不会对孩子产生不良的影响。

可以说，这是一部献给父母的书，同时也是一部关乎孩子命运的书。相信父母在读过之后，一定会恍然大悟，明白自己以往错在了哪里，进而找到打开孩子心灵之门的钥匙，帮助孩子健康、快乐地成长。

目录
CONTENTS

与孩子发生争执时，请别说…… / 105

向孩子提要求时，请别说…… / 123

孩子提问时，请别说……

好问是孩子们力求认识新事物的一种积极表现。国外有些专家认为，儿童智力发展的水平，就是他提问题的水平。因此，作为父母，要鼓励孩子提问的积极性和主动性，耐心回答孩子们的提问，千万不要这么说……

大人说话，小孩别插嘴

相信所有人都目睹过这样的场面：在大人们谈话时，一旁的小孩一插嘴，就会听到大人对小孩说“大人说话，小孩别插嘴”这类的话。这时，孩子就会立刻很沉默地躲到一边。小孩在大人眼中永远是不懂事的，可是，孩子虽小，也有自己的思想。所以，大人要懂得尊重孩子，要时刻明白无意中对孩子的伤害也许是最深的，无意中的一句话就可能抹杀了孩子的“表现欲”。相反，如果懂得尊重孩子的“表现欲”，锻炼孩子的参与意识，就会对将来孩子走上社会、适应竞争有莫大的帮助。

小明的父母为了更好地照顾他，想一个人白天上班，一个人晚上上班，这样，父母二人中总有一个人可以留在家中照顾他，特别是晚上。

小明的父母正谈论这件事时，在一旁听得很认真的小明忽然插嘴进来，一本正经地说：“我觉得我自己可以晚上一个人待在家里。”小明的父亲因被打断谈话而对小明怒目而视，并吼道：“大人说话，小孩别插嘴！”小明被父亲突然的怒吼吓住了，他惊恐地睁大双眼，沉默地躲到了一边。

后来，父母再谈什么事或者家里来客人的时候，只要父母让小明说话，小明都会不自觉地用惊恐的目光看着父母，然后沉默不语，不敢说话。

大人们往往会不自觉地忽略小孩子的想法和态度。然而，每个孩子都会有为家事发表自己意见的时候。当一个孩子很认真地说“我认为……”“我觉得……”的时候，也许在这种“觉得”和“认为”的后面是一些让人感觉单纯幼稚和可笑的内容，但父母也不应该充耳不闻、根本不把孩子的想法放在心上，对其随意敷衍，甚至是怒吼、尖酸刻薄地批评。那些能够耐着性子将孩子的话听完，并且很认真地与孩子探讨问题的父母实在是难能可贵。父母对待孩子的忽略态度和粗暴态度是造成孩子缺乏自信，对长辈总有一种莫名其妙的畏惧和排斥心理的重要原因。因此，要想让孩子变得自信，父母就要从内心尊重孩子的发言权，平等地对待孩子，鼓励孩子发表自己的看法。

随着年龄的增长，孩子的自我意识越来越强，越来越希望得到他人的重视和尊重，其中一个表现就是“爱插话”，这也是孩子产生自信心和自尊心的基础。所以，当自己或他人的孩子插话的时候，请一定要认真对待。

专家支着：

怎样正确对待孩子插话

1. 鼓励孩子适当地插话

小孩子年龄小，知识面窄，好奇心强，求知欲和表现欲都很强，插话是他们获得知识的途径之一，也是他们参与社会的途径之一。这本身并没有什么错误，孩子的这一行为不但不应该受到批评和打击，相反，应该受到鼓励。

阻止和打击孩子插话有可能会扼杀掉孩子的参与意识、学习意识和表现意识。如果父母对他们敢于发表意见的勇气和正确见解给予鼓励，就会使他们变得更加自信和坚强。但是，父母还要教导孩子，在大人讨论的兴头上插话，是不礼貌的行为。父母有责任让孩子认识到一个能够认真倾听大人讲话，适时插话的孩子，才是一个懂礼貌、有教养的孩子。

2. 适当制止孩子的错话

当父母听到孩子说了一些不友善或者没礼貌的话时，应该以适当的方式制止，即使孩子不理解，感到委屈、伤心和愤怒也应该坚决制止。父母不能放任孩子随意讲话，相反，应该指出孩子的错误。例如，父母可以说："你有权发言，但你这时插话不大礼貌。""你的观点不对。""你的语气有问题。"然后找机会给予孩子耐心地解释。

这样做，不但不会伤及孩子的自尊心，而且会让孩子掌握更多的沟通技巧和交际常识。

3. 把孩子插话作为教育孩子的机会

在父母跟客人谈话时，有时候孩子一句天真纯朴的插话，可能会不小心揭穿大人的谎言，使大人很尴尬。许多孩子也会因此而受到大人的斥责或打骂。但是作为孩子，他根本不知道自己究竟错在哪里。其实，这也督促大人平时要言行一致，注意身教。有时候大人说的并不是谎话，在这种情况下，大人就可以将孩子不了解的情况向客人作解释，并趁机教育孩子凡事要做调查研究。

不知道

小孩子的脑子里仿佛都装着十万个为什么，有问不完的问题，他们的问题经常把大人都给难倒了。“妈妈，嘴为什么亲不到脸？”“汽车为什么不会流血？”有的父母不耐烦，就会对孩子说：“去去去，不要问个没完，不知道。”这种做法非常不妥，无形中会扼杀孩子学习的积极性，长此以往，孩子会因为总听到“不知道”而不愿再提问题。当一个孩子提出的问题总得不到及时、确切、合理的解释时，他就会慢慢丧失提问题的欲望——心智成长的速度无形中也就延缓了。

5 岁的佳佳是个聪敏活泼的小女孩，喜欢问为什么，每天都有问不完的问题。暑假里的一天，她冲着正在做饭的妈妈问道：“妈妈，为什么有的蚂蚁会有翅膀？为什么树叶有红的也有绿的？人为什么不开花结果？……”一连串的问题接踵而来，妈妈一时觉得不好回答，就不耐烦地说：“人不大，问题不少，妈妈不知道！妈妈想静一会儿！”在妈妈这里碰了一鼻子灰，小佳佳就跑去问爸爸，爸爸敷衍地回答说：“你的问题那么多，爸爸真的不知道如何回答，反正一直就是那样的呗。”此时，佳佳的父母可能没有意识到，佳佳的内心失望极了。由于自己的问题在父母那里总是得不到答案，有时还会因此受气，佳佳越来越不愿意问问题了。她开始变得心事重重，上课时也不那么专心了。幼儿园老师提问时，她也不再积极地回答。老师很奇怪佳佳的变化，就打电话问佳佳的父母。妈妈就问佳佳最近怎么回事，佳佳回答说："我问你们什么，你们都说不知道，我就不想再问你们了，你们对我一点儿也不关心，上课时，我老在想妈妈生气的样子……"爸爸妈妈很后悔自己的态度，从此，他们每一次都认真地回答佳佳的问题，那些一时回答不上来的，他们就去查资料，很快，佳佳又恢复了活泼好问的样子。

问问题是孩子好奇心和积极学习意识的体现。"不知道"是一种不负责任的回答，有可能会扼杀孩子好学的天性。

阿莱克斯和他的母亲杰丝卡是犹太人。一天，阿莱克斯被幼儿园的司机送回到家里，正和人聊天的杰丝卡马上迎了上去，陪他一起走进了房间。进门之后，杰丝卡问阿莱克斯："今天你提问了吗？"阿莱克斯连连点头。"那么，你都问了些什么呢？"杰丝卡继续问他。阿莱克斯开始复述他一天中所提的问题，有的是问幼儿园老师的，有的是问同班小朋友的……问题千奇百怪："为什么牛奶不能换你的饼干""为什么女孩留长头发""为什么天空是蓝色的"……他一天竟然问了37个问题！杰丝卡满意地点了点头。原来，每个犹太人在很小的时候，几乎都会被长辈提问。杰丝卡小时候，她爸爸就常问她，为什么人每天都要吃饭，而饭都跑到哪里去了呢？最初，她对此是一无所知，常常是红着脸或者咬着嘴唇不说话。但是爸爸没有责备她，而是让她每天都问别人十个她不懂的问题；如果没有人回答她，就自己去找出答案。从那以后，杰丝卡觉得日子的确不一样了，因为每天都是新鲜的……

相比犹太人，中国的传统观念却认为，缠着父母问这问那的孩子是惹人讨厌的。父母可能会对跟在他们身后喋喋不休的孩子大加训斥，对于孩子提出的问题，也常常是敷衍了事地回答。

愿意思考、喜欢探索是孩子的一种天性。每个健康的孩子都会这么做的。但是，有些孩子渐渐地对探索事物的兴趣减少了，到了上学的年龄，他们不爱学习、马马虎虎，为什么呢？究其原因，恐怕与父母对孩子的提问采用错误的回答方式有关。所以，对大人们来说，尊重孩子爱问问题的天性是很重要的——要意识到问问题和给出答案的过程是孩子们思维发展、理解老师和父母所教知识的一种方式。因此，老师和父母应该很认真地对待和回答孩子们的问题。

专家支着：

如何对待爱问问题的孩子

1. 千万不要说“不知道”

对于孩子提出的问题，父母千万不要说不知道。小孩子提的问题千奇百怪，有时候父母能够回答，有时候很难回答。但不论能不能回答，父母都不要简单地、敷衍了事地说“不知道”。正确的做法是，当孩子提出问题时，父母千万不能嫌麻烦，要表扬孩子肯动脑筋，让孩子觉得能提出问题是一件很有意思的事，并且是聪明的表现。回答问题要尽可能地及时、简明、准确、浅显易懂。通常孩子对事物往往是从具体的、自身的、直观的角度来认识和理解的。因此，要想给孩子讲清一个问题，回答时就要从孩子的年龄、理解能力、提问的出发点来考虑，因人而异、因时而异、因情景而异。

2. 多角度启发孩子提问

当孩子提的问题太难时，父母可以直接把答案告诉孩子。如果问题不是太难，父母要对孩子进行启发，鼓励孩子从多个角度去观察、去思考。在孩子问稀奇古怪的问题时，父母可以根据提问的内容做些调整，有时候可以告诉他一些科普知识，有时候可以给他一些充满想象力的答案，引导孩子多角度思考。父母对孩子提问的不同回答与处理方式会带给孩子不同的益处。当然，父母应该尽可能多看些书，先把自己的大脑丰富起来，以便在适当的时候给孩子提供一些更丰富、更多元的合适答案。

3. 教会孩子怎样寻找答案

为人父母，对于自己不能回答的问题，不能不懂装懂，也不宜含糊其辞，而要向孩子说清楚"这个问题我现在无法回答，我们一起来找答案。"教给孩子一个寻求答案的方法、一条培养自学能力的途径，对于孩子的成长非常重要。父母可以与孩子一起查阅百科全书，一起请教专业人士，一起看电视或听广播找答案，还可以上网查阅。陪孩子一起探讨，父母也会得到很多乐趣，因为在这个过程中父母也会增长很多知识，提升对某些问题的认识。

你有完没完

孩子有的时候爱围绕一个问题多次发问，你无论回答多少次，他还会像从来没有得到过答案一样问同样的问题。大人烦的时候，很容易忘记一些科学对待孩子的方法，于是“你有完没完”这样的话，也就很容易从大人嘴里说出来。可是，如果有一天你的孩子明显地对于你的亲近显得淡漠或者胆怯，你不要抱怨孩子，因为这一切可能只源于你的那句话。

有一年的冬天，3岁的小梅子有一个问题总也问不完，那就是：“小霜花为什么喜欢开在梅子的玻璃上？”妈妈总会不厌其烦地回答她：“因为小霜花喜欢我们的小梅子。”

可是，有一天妈妈因为单位里面的事情，心情很烦闷。

回到家以后，梅子一下子扑过来，问妈妈：“妈妈，今天小霜花怎么没开呢？”妈妈随口说道：“小霜花去上学了，好了梅子，自己去玩儿吧，别在这里烦妈妈。”

梅子继续问着：“妈妈，小霜花还是会回来的，是吗？它为什么还会回来呢？小霜花为什么喜欢开在梅子的玻璃上呢？”

妈妈的心情实在是不好，这个问题梅子问了一整个冬天，终于使妈妈生气了：“啊呀，你还有完没完，这个问题你每天都在问，不知道！”

小梅子被妈妈吓呆了，好半天才哇的一声哭了出来。

后来的很长一段时间，梅子望着妈妈的眼神都是怯怯的。

孩子在幼儿时期确实非常爱问为什么。在研究孩子爱问的根源的时候，人们通常都认为这与孩子的好奇心和智力发展相关。从培养孩子的好奇心和创造力出发，是提倡大人鼓励孩子提问题的。可是，父母也应该注意到，其实孩子的提问不一定都是好奇心所致，这里面还有一个原因，就是孩子的情感需求。

这一点，尤其体现在因父母工作忙碌而很少与父母沟通的孩子身上。这样的孩子频繁地问同一问题的原因只有两个：他想因此和父母多待一会儿，或者他想让父母重视他。可是如果这时候他得到的是一句"你有完没完"，这对于孩子心灵的伤害是无法形容的，因为他会认为这是你对他的轻视。对于一个渴求爱的孩子来说，这无疑是一种沉重的打击。

作为父母，无论在什么时候都不能轻视孩子，或者让孩子感觉到你轻视他。敏感的孩子会因此而失去安全感，孩子与你的亲近感，便可能因你的一句话在瞬间被破坏了。

专家支着：

如何满足孩子的情感需求

1. 尽可能抽出时间来陪孩子

大人们要面对激烈的生存竞争，要面对单位里的上下级关系，要应付繁多的工作内容，要学习，还要接受孩子没完没了的提问，常常为很少与孩子进行沟通找借口。但是，如果想让孩子感受到你的爱，你最好每天能尽量抽出时间来陪陪孩子，让他们和你说说话，你可以限定时间，只要你给孩子这个机会，他们就会很满足。

2. 常告诉孩子你对他的爱

不管什么时候，都不要吝惜说出自己对孩子的爱，一定要经常性地、适时地对孩子进行表扬，并且经常告诉他，爸爸妈妈最喜欢的就是他，这能够让孩子感到安全、快乐、自信。

3. 让孩子了解父母

为了不让孩子陷入太多的困惑，父母往往不愿意告诉孩子自己工作的情况和状态。这其实大可不必，有雷区的教育方式毕竟不是孩子所喜欢的。你可以告诉孩子，爸爸妈妈工作得很辛苦，但是很努力，爸爸妈妈希望和他一起努力，让咱们的家越来越好。你甚至可以这样与孩子沟通：“爸爸妈妈累的时候心情会不好，这个时候可能会发脾气，如果爸爸妈妈心情不好的时候，你会怎么办呢？”让孩子自己想出一个办法来，比你到时候非常生气地制止他效果更好。

没看见我正忙吗

父母总觉得，自己越是忙碌的时候，孩子的问题就越多。这使得自己根本没有办法静下心来做事，不提醒孩子一句“你没看我正忙吗”，孩子绝不住嘴，根本不管自己每天工作有多么辛苦。父母觉得孩子很烦，孩子也摸不透父母的心思，于是矛盾就这样产生了，孩子幼小的心灵也会因此而产生心理阴影。

爸爸晚上回来的时候说要准备明天开会的材料，吃过饭后，妈妈对苗苗说不要打扰爸爸。

可是爸爸工作到一半时，电脑嗡嗡地响，突然停止工作，开不了机了，这可把爸爸急坏了。他把主机搬到桌上，拆开机箱盖，不停地开机关机，检查到底是哪里出现了故障，妈妈也过来帮忙。

被“关押”了半天的苗苗在屋子里待不住了，也凑了过来，不停地围着爸爸妈妈转来转去,还拼命地想从爸爸妈妈胳膊缝隙里把小脑袋钻进去，看看究竟发生了什么事情。

苗苗的小嘴不停地问着:“爸爸，怎么了？”爸爸说:“爸爸的电脑坏了，爸爸得检查一下到底是哪里出了问题，不然的话完成不了‘作业’，明天要挨训的。”

苗苗对于电脑显然产生了浓厚的兴趣，第一次看到这个箱子里的东西，尽管是从爸爸妈妈的胳膊缝隙里看见的，也足够让她兴奋不已了。

她不停地问那个扁扁的黑盒子是什么、那个全是小银点的板子是什么、那个吹着风转的是电风扇吗、爸爸为什么总把耳朵放这儿听听那儿听听等一连串的问题。妈妈不得不说:“乖苗苗,别捣乱。”

可是苗苗的兴奋劲上来了,小手也开始不老实,她不停地把小手指头凑到机箱里,指着这个问:“这是什么?”指着那个问:“这是什么?”

急得火上房的爸爸终于被这乱七八糟的状况弄得生气了,他大声地对苗苗说:“你没看见我正忙着吗?问什么问?”

苗苗被这突如其来的训斥给吓傻了。爸爸把资料收进包里,对妈妈说:“没法干活了,我去单位。”然后就走了。

苗苗不肯睡觉,瞪着眼睛望着门口,对妈妈说:“爸爸生气了吗?爸爸怎么还不回来?爸爸不要妈妈和苗苗了吗?妈妈,你让爸爸回来吧,苗苗不惹他生气了。”不管妈妈怎么安慰她,她就是不肯睡。

上学后,苗苗的老师认为她不爱动脑筋,在谈心的时候,苗苗对老师说:“爸爸从来都很忙,我问他为什么的时候,他会嫌我打扰他,还会生气,所以,我不敢问问题,我怕老师也生气。”

当孩子好奇地发问时,若父母对其发脾气,就会打击孩子的好奇心和积极性。

人的一生中,好奇心的高峰期能够从幼儿一直持续到青少年时期,对于刚刚开始萌发好奇心的孩子来说,他们尤其喜欢提问题。

孩子平时接触不到的事物很容易激起他们的好奇心。这其实是人类对于未知世界的本能态度。父母不会对自己的本能态度感到大惊小怪,但却偏偏用愤怒的语言对待孩子本能的好奇心,这实在是一种不恰当的方式。

孩子对父母除了依赖,还有着本能的崇拜。父母如果不注意控制自己的情绪,每当被孩子好奇的发问惹烦时,便会对孩子发脾气。哪怕只是一次,也会对孩子的心理产生严重的负面影响。孩子会因此而变得沮丧、伤心,丧失在大人那里寻求亲情和知识的动力,从而把心门向大人关闭,亲子之间的心理距离会越来越远。这个时候，伤心的就是大人了，因为大人在孩子心目中的形象会因此而大打折扣。

所以，无论何时，在孩子面前，父母一定要学会控制自己的情绪，尤其是面对因好奇而发问的孩子，千万不要让忙碌或者烦躁成为你发脾气的借口！

专家支着：

如何避免被孩子激怒

1. 提前告知自己的情绪

在自己烦躁的时候，应该提前对孩子说明，你可以告诉他："妈妈现在心情很不好，不小心会发脾气的，宝宝一定要乖乖的，好吗？现在，你来想个办法劝劝妈妈吧。"这时候，孩子对你的关心和小心会同样多，所以你不用担心他缠着你不放了。

2. 父母配合提醒

父母之间的默契配合也是化解不良情绪的一剂良药，比如，爸爸显得比较烦躁的时候，妈妈要提醒孩子："爸爸工作太累，心情不好，我们不要打搅爸爸，让他休息一下好吗？"妈妈生病的时候，爸爸要对孩子说："妈妈为了照顾咱们两个，都累病了，现在咱们来关心一下妈妈吧，但是咱们得拉一下勾，谁也不许打搅妈妈。"

3. 保持适度的沉默

对于孩子没完没了的无聊问题，可以采取沉默不答或者百问一答的方式，要么只看着他不回答，让他自己停下小嘴，要么只回答最初那一次的答案，无论他问多少次也是如此，这样的话，他就会适可而止。但这种沉默不等于拒绝回答，因为，在沉默的时候，父母也要望着孩子的眼睛。

你真烦

孩子每天问重复的问题，或者每天不停地跟在你后面问东问西，对于每天忙于工作和生活的父母来说，确实是一件不容易应付的事情，这个时候大多数父母往往会忘记了说话的语气和方式，劈头盖脸就给孩子一句：“你真烦！”父母的训斥在打消孩子的好奇心的同时，也会使孩子对父母感到失望。

早晨，妈妈在厨房里做饭，妮妮问妈妈：“太阳公公去哪里了？”妈妈随口回答说：“太阳公公在乌云后面。”妮妮又问：“太阳公公为什么要到后面去呢？”妈妈说：“太阳公公每天挂在天上太累了，受不了的时候，就躲到乌云后面偷着休息一会儿。”妮妮继续提问：“那乌云在前面干什么呢？”妈妈说：“下雨呀。”

小妮妮在厨房里围着妈妈转来转去，不停地问问题，妈妈已经被她弄得转不开身了，可她还在不停地说着：“乌云怎么下雨呢？是不是有盛水的大瓶子，往下面倒就可以了？”妈妈实在被她惹烦了，生气地说：“啊呀，妈妈忙着做饭呢，你真烦！！”

傍晚下班后，爸爸对妈妈说：“今天妮妮在幼儿园不想回家，她说妈妈嫌她烦，不喜欢她了，商量了半天，她才跟我回来。”

晚上躺在床上，妈妈对妮妮道了歉，并对妮妮说：“妈妈最喜欢妮妮了。”妮妮哭了。妮妮问妈妈：“是不是什么时候都喜欢妮妮，就是妮妮调皮也喜欢，讨厌台灯也喜欢？”妈妈笑着说：“那当然！”虽然妈妈不知道台灯是怎么一回事，但是妈妈觉得，只要能让孩子觉得妈妈的回答可信，就是她用电视来比喻又有什么关系呢？

在这个故事的开头，妈妈因为忙碌和劳累的原因，口无遮拦地拒绝了孩子的提问。孩子不再提问了，也对妈妈非常失望。

实际上，孩子之所以不停地提问，源于孩子对他的所见所闻的兴趣。越爱提问的孩子越聪明，这不是一句空话。孩子的问题涉及面越广，说明孩子越善于观察事物，越善于动脑，智力发育越快。这样的孩子应该是父母的骄傲和自豪。

然而，父母常常是在向人炫耀时才体会到这种喜悦，当陷于问题之中时，却常常把这种喜悦忘了，取而代之的是不耐烦，甚至是愤怒。

其实孩子在求知的过程中所需要的，不一定是固定的结果，而是与父母的亲密与沟通，因此，父母不要嫌孩子麻烦自己，而要耐心地对待孩子的提问，这样有利于孩子的健康成长。

专家支着：

如何暂缓回答孩子的问题

1. 限制提问题的数量和次数

父母可以与孩子商量，每次提的问题不能太多，并严肃地告诉他，只回答这几个。这样，孩子自然就会想出他最想知道的问题向大人发问了。

2. 约定回答问题的时间或共同探索答案的时间

当你太忙或者太累时，如果孩子缠着你问个没完，你可以很诚恳地对他说明你的状态，并提出可以在晚饭后或者睡觉时回答他的问题。同时也对他声明，晚上八点钟的时候，他就必须睡觉了。这样的话，孩子在睡觉之前，就会认真考虑他最急于知道的事情是什么了。

3. 鼓励孩子自己回答

对于在你看来以孩子的年龄完全可以回答的问题，或者你已经回答过他好多遍的问题，你完全可以对他说："宝宝自己想一想，这是为什么呢？好像妈妈讲过的呀！怎么一不小心忘了呢？等一会儿想起来，千万别忘了告诉妈妈。"

孩子不听话时，请别说……

调皮好动是小孩子的天性。研究表明，淘气的孩子，大脑受的刺激多，适当的淘气对于智力的开发有很大的好处，可以提高想象力和创造力。所以，父母现在应该接受这种观点："听话是优点，不听话也不是缺点，而太听话可能就是缺点了。"在孩子惹你生气时，千万不要说……

你敢不听话

小孩子天性活泼好动，又缺乏自制力，往往会对自己想做的事有一种非做不可的冲动，而不去计较事情的对错与后果。年轻的父母往往缺乏耐心给孩子讲道理，通常是劈头一句："你敢不听话！"声色俱厉，强迫中带着恐吓，让孩子有一种压迫感。在未成年之前，孩子方方面面都需要依赖父母，加之害怕受到惩罚，一些性格懦弱的孩子就不得不屈从于父母的意志，而那些性格要强的孩子则会形成逆反心理与叛逆性格。如果父母长期这样对待孩子，则会对孩子心理、性格的发展，甚至对孩子的一生造成极大的负面影响。

三岁的小家宝随妈妈上超市，自行拿了一瓶糖果。

妈妈说："这个不能要！"

小家宝回答："娇娇的妈妈都给她买这样的糖了，我也要！"

"不行！"妈妈严厉地回答。

小家宝越攥越紧。

"嗯，你敢不听话！"妈妈用手指头指着小家宝的鼻子，脸色陡然一变，眼睛也瞪了起来。

小家宝吓得哇哇地大哭起来，被妈妈强行拖走了，而他的眼睛还是回头紧盯着货架上的那瓶糖果。

这天深夜，睡意正浓的妈妈突然被小家宝的哭声惊醒了，只听他嘴里还嘟囔着："我要糖！"看着孩子在梦中啜泣得非常伤心的样子，妈妈却想，这孩子还真倔强！

后来，幼儿园的老师对家宝的妈妈说："小家宝最近上课总是走神，也不爱跟别的孩子玩！"

回到家里，妈妈劈头就冲小家宝吼道："你又不听话了！上课不专心听讲，在搞什么名堂！"

小家宝十几岁时，性格内向，没有什么明显的兴趣爱好，凡做什么决定都喜欢随着别的同学，高中报考文理科，他也一切听从父母安排，自己则表现得毫无主见。

"你敢不听话！"往往是东方父母对付不听话孩子的最后一张王牌，这其实就是要求孩子绝对服从自己，强调父母的话具有绝对的权威，不容讨价还价。

这句话其实会伤害孩子的自尊，严重妨碍孩子健全人格的发展，甚至会导致孩子缺乏主见，产生心理障碍。

国内的一项调查表明：在被看作是"听话"的孩子中，自述胆小的占34.3%，不爱提问题的为38.8%，对创造发明不感兴趣的为27.5%。

美国总统尼克松在《领袖们》一书中说，中国的教育制度过分强调每个人要样样都好，样样搞统一，从小把孩子们训练得十分驯服，不允许他们有独立见解，更不允许有爱因斯坦所说的"离经叛道"的行为，这样只能培养出守业型人才。我认为父母要培养孩子的创造性，就不要对孩子求全责备，不要用传统的观念把孩子教育成"小老头"。

如果父母不加任何解释，强迫孩子服从，极有可能造成孩子消极或公开地与父母对抗，形成逆反心理和叛逆性格。很多父母可能想不到，一句"你敢不听话！"可能会使一个孩子习惯于对抗，缺乏合作精神，孩子的一生都会受到严重的负面影响。所以，父母不必苛求孩子听话，要注意发展孩子的个性，培养孩子的兴趣、自信和独立精神，激活孩子的潜质。

专家支着：

如何对待不听话的孩子

1. 对孩子的不合理要求一定要反对

父母对孩子的不合理要求一定要坚决反对，不要怕伤害孩子，相反，这恰恰是对孩子的教育。对于孩子的不合理要求，父母绝对不要先反对，然后又投降，这会让孩子得寸进尺，无理要求越来越多，长期如此，就会使孩子的无理要求越来越多，他们一旦遭到反对，就容易产生挫败感，形成偏激的心理和任性的脾气。当然，对于孩子的不合理要求，只拒绝还是不够的，父母还需要耐心说服孩子。

2. 耐心讲理

孩子不听话时，父母要先以孩子的方式思考，设身处地地理解孩子，然后才能找出合适的说服方式，要告诉孩子为什么应该按照自己的意见做。这样，孩子慢慢便会形成自己的判断力。他知道你是在为他着想，他是在遵循正确的判断，而不是服从父母。

3. 以身作则

你要求孩子做到什么，你自己首先就要做到。例如，爸爸要求孩子做家务，自己就要先做好榜样。全家人一起做家务，热热闹闹，孩子觉得很有趣，就会喜欢做家务。如果爸爸不做家务，反而坐着指挥孩子做家务，孩子就会产生逆反心理。

你就不能让我省省心吗

有这样一些孩子，他们每天都会冒出一些新奇的想法，对于任何一件事情都想知道个究竟。父母百般劝阻不成之后，总会不耐烦地对孩子说："你就不能让我省省心吗？"而这种痛心的话语会对孩子的性格，乃至人生产生不利的影响。

小宇航常常会把小鸡和小鸭一同放进水盆里，观察小鸡为什么不会游泳。他还常趁妈妈不注意时把金鱼捞出来放在窗台上，观察金鱼是怎样被晒死的。每一次，小宇航都会受到爸爸妈妈的训斥，有的时候，还会受罚。

有一天，小宇航又犯错误了。

那天小叔到家里来，小宇航缠着小叔讲故事，小叔讲的内容是：冬天的时候，不能用沾水的手去摸铁，因为温度太低，手上的水会变成冰，把手和铁冻在一起，如果不用水把冰冲化，硬生生地想要把手和铁分开，会把手上的皮揭掉的。小宇航听得两眼发亮，小叔走的时候，他自告奋勇地要把小叔送到大门口。

可是好半天也不见他回来，妈妈对爸爸说："这孩子，又玩儿什么呢，大冬天的，他也不怕冷，去把他叫回来吧。"小宇航家里住的是平房，爸爸从屋子里出来后，却没有在院子里看到小宇航，正纳闷儿，忽然听见大门在响。爸爸急忙跑到门口，透过门洞一看，只见小宇航仰着头全身贴在大铁门上，小手不停地抬起来在门上扑扑地拍，嘴里还含糊不清地说着什么。

爸爸吓了一跳，出去一看，只见小宇航伸着舌头贴在铁门上，头一动也不敢动，原来孩子的舌头被冻在铁门上了。

最后爸爸叫妈妈弄来了温水，点了一些在小宇航的舌尖上，小宇航才被救了下来。

爸爸妈妈把小宇航抱进屋子，放到床上，用棉被捂住他的身子，然后妈妈气得哆哆嗦嗦地说："你看看你，淘气成什么样子了？我就不该管你，让你的舌头被冻掉算了！一会儿看不住你就找麻烦，你就不能让我省省心吗？啊？"接着，妈妈坐在那里哭了起来。

淘气是孩子的天性，可是淘气的孩子往往会成为大人教训的对象。其实大人并不了解，淘气的孩子的想法与其他孩子有很大的不同，他们不会轻易地受传统观念的束缚，具有自己独特的个性。他们对世界充满了好奇，仿佛拥有一双想象的翅膀。他们在探索世界的过程中，不但得到了丰富的知识，而且开阔了自己的思维，在促进学习兴趣的同时，也增长了许多书本上一时学不到的知识。这就是为什么人们会说：淘丫头出巧的，淘小子出好的。

在这个时候，父母的"你就不能让我省省心吗"这类抱怨之词，容易对孩子的性格造成负面影响。上文的小宇航，自从"大铁门事件"后，他偶尔再做那些大人看来出格的事情时，妈妈还是会伤心地对他说："你就不能让我省省心吗？"每次听到这句话，小宇航都会特别紧张地看着妈妈。慢慢地，小宇航成了一个妈妈眼中的乖孩子，再也不闯祸了。

小宇航慢慢地长大了，在他的心里，已经彻底没有了儿时想要把一切事情都知道个究竟的欲望，而且无论做任何一件事情，他都要去问妈妈。

考大学的时候，他放弃了自己想学的机械专业，听从妈妈的意见学了中文，在女孩子多男孩子少的环境里度过了四年。毕业的时候，他没有和同学一起去大城市打工，听妈妈的话回到小城做了一名普通的上班族，生活衣食无忧却平淡无奇。结婚的时候，他听妈妈的话，放弃了活泼外向的女朋友，娶了一个沉默寡言的女孩子。

一次宇航与儿时的朋友偶遇，在一个小餐馆里，朋友问他："当时我们几个里面，就你淘气，就你有胆量把所有的事情都弄个明白，怎么到了今天，你却成了最循规蹈矩的一个？"宇航哭了，他说："因为我不想看见妈妈的眼泪，我不想让她说我不让她省心。"

宇航妈妈无心的一句话，却影响了孩子的一生。

所以，天下的父母们，在孩子淘气的时候，千万不要用痛心的话去指责孩子。聪明的父母懂得如何正确地引导孩子，让他们健康快乐地成长。

专家支着：

如何面对不断提问的孩子

1. 耐心对待孩子提出的问题

小孩子处于好奇心萌芽和发展的时期，最突出的表现就是爱问。在这个时候，作为父母，应该耐心地对待孩子提出的问题，肯定孩子的好奇心，同时对于孩子的问题，要根据他们的年龄特点，给予恰当的解答。对于孩子已经可以自己解答的问题，父母要鼓励孩子自己寻找答案。对于求知欲特别强的孩子，父母还可以买来《十万个为什么》等书籍备用，免得孩子的问题超越父母的知识范围的时候，父母无法为孩子进行解答。

2. 正确对待孩子的淘气行为

好奇心强的孩子，往往会做出许多调皮捣蛋的举动，父母要善于从孩子的"捣蛋"行为中发现创造精神。为了不使孩子的探寻行为"殃及无辜”，父母要坦诚地与孩子沟通，然后和孩子共同讨论出一种避免伤害和破坏行为的途径，比如，他需要什么样的工具，他需要大人提供什么样的帮助，这样孩子就不会去对小鸡、小鱼，或者邻居家的水缸“下手”了。

3. 为孩子创造一个愉快宽松的环境

父母万万不可对于孩子的求知行为加以讽刺、挖苦，甚至强行制止，要鼓励他们多想、多看、多动手，尊重孩子的发现，并且引导他们用正确的方式探寻原因，从而激发孩子的热情，不断挖掘孩子的创造潜力。

4. 多带孩子接触外界事物

外面的世界是精彩的，在情况允许的时候，多带孩子到大自然中去，比如草地，甚至是菜地，因为几条虫子可能都会引起孩子的兴趣。

不准去

孩子的安全是父母最担心的事情。父母总希望自己像母鸡妈妈一样把孩子罩在自己的羽翼下面，不想让孩子离开半步。每当孩子想独自外出时，父母在阻止无效的时候，往往会横眉立目地对孩子喝斥道："不准去！"孩子的脚步止住了，父母以为自己的目的达到了，然而，很多父母可能没有深入去思考，这会给孩子造成严重的负面影响。

林林在三四岁的时候，曾经有一段时间非常想自己去做一些事情，比如自己倒一杯水，或者自己剪一幅画，甚至亲自帮爸爸妈妈插上电视插销，然后亲自把电视机给爸爸妈妈打开。

可是林林的想法总是被妈妈拒绝，因为妈妈怕林林不小心伤到自己。

有一次，林林和妈妈在外面散步的时候，他看到几个小朋友在踢小皮球，林林非常羡慕，于是对妈妈说："妈妈，我也想去玩儿。"可是妈妈说："不行！小球飞起来，会砸到头的。"

但是小朋友们的欢呼声太热烈了，林林迫不及待地想加入到他们当中去，于是，这一次林林对妈妈说："我不怕，我要去玩儿。"妈妈坚决地说："不行！"然后把林林拉回了家。

回到家里，林林非常不高兴，他对妈妈说："我想和小朋友们玩儿，别的小朋友能一起玩儿，为什么我就只能和妈妈在一起？我就要出去玩儿！"然后，林林转过身就要开门出去，这时妈妈非常生气地厉声喝道："你给我站住！不准去！"望着妈妈愤怒的眼神，林林屈服了。

后来，林林就什么事情都不自己去做了。

林林上小学的时候住在爷爷家，上学放学都是由爷爷接送。爷爷每天都会背着林林的大书包，搬起自行车进电梯，然后走出楼道，让等在楼下的孙子坐到自行车前梁上，骑车送孙子上学。林林通常都坐在自行车前面，由于他的个子很高，爷爷不得不拼命地伸直腰，才能看得到路。爷爷家离学校不到一站地，可是林林绝不肯自己走着去上学，因为，一直以来，他从来没有得到过一次独自上学的机会。

11 岁的时候，有一次林林在小姨家吃饭，小姨对林林说，把这碗饭端到桌上。林林兴奋不已，他小心翼翼地把饭捧在手心，但是立刻就“妈呀”一声松了手，碗掉在地上摔碎了，饭也撒了一地。原来，林林从来不知道烫手是什么感觉，也从来不知道碗应该怎样端。小姨无心说了一句：“这孩子，怎么连碗饭都端不了？”林林感觉自己受到了很大的羞辱，哇哇地哭了起来。回到家以后，林林对妈妈说：“就赖你，让我这么丢人！”

孩子的安全确实非常重要。做父母的都知道，尽管自己害怕孩子遭遇到某些危险，但是也没有办法无时无刻把孩子带在身边加以保护。一旦孩子想独自行动，父母就只能使出最后的一招撒手锏，也就是用“不准去”等带有明显强制色彩的语言，甚至用行动去震慑孩子，让孩子屈从于父母的指令，从而达到保护孩子的目的。

可是这么做的结果往往会有悖于父母的初衷。父母强行禁止的语言，可能会使孩子被迫屈服，如果这种事情重复出现，那么将会严重地影响孩子的独立意识的发展，从而限制孩子潜能的发挥，不利于孩子的身心健康，甚至会影响亲子关系。

更为可怕的是，如果父母对于孩子的行为过度约束，反而有可能会激发孩子的好奇心，从而产生强烈的尝试欲望，这样的话，孩子所面临的危险会更大。

这种强行禁止的方式所造成的危害，不仅仅体现在对孩子的保护上，父母在任何事情上用这种强行禁止的语言，都会对孩子的身心发展造成伤害。

因此，真正的保护孩子的方式不是压制，而是放手。引导孩子以适当的方式去做他们想做的事情，对于培养孩子的独立意识和探索精神都会起到很好的促进作用。但放手的前提是，你已经教会了你的孩子如何去认识危险，并且有明确的意识去避免它。

专家支着：

如何教会孩子认识和避免危险

1. 让孩子明白什么是危险

父母在日常生活中，要随时注意向孩子灌输危险意识，让孩子知道什么地方可能有危险存在，或者做什么事情会有危险。

比如在平时，父母要常常告诉孩子不要玩插座，不要一个人过马路，如果有陌生人要带你去买好吃的不要去，等等，这有助于孩子明白哪些事情是有危险的。

2. 让孩子明白为什么危险

有时候，只告诉孩子什么是危险还不够，还有必要进一步告诉他为什么会有危险，这有助于孩子自觉地避免危险。比如说，想让孩子明白为什么不能随便动热水瓶，父母可以让孩子摸一下盛热水的杯子，或者盛着热饭菜的碗碟，让孩子明白“烫”是怎么回事，然后告诉他热水瓶里的水很烫，如果洒出来，会烫到手，会很疼的。但是父母要注意，在对孩子讲这些道理的时候，不要用过于夸张的语气和语言来渲染危险的程度，因为这样会激起孩子“试一试”的兴趣。

3. 不要用激烈的言辞谴责孩子的危险行为

当孩子因为危险行为惹父母生气的时候，父母当然不能姑息迁就，但是要注意，无论如何，都不要打骂孩子，不要对孩子用过激的言语，因为这不但起不到教育的效果，而且容易使孩子产生逆反心理，反而对孩子不利。

你就知道花钱

当孩子无休止地向父母要求买东西的时候，很多父母往往采取一味满足的方式，而当孩子因此而惹父母烦心的时候，父母往往会非常不负责任地斥责孩子："你就知道花钱！"实际上，孩子就知道花钱并不怪孩子，而是父母在怎样花钱的问题上没有给孩子起到很好的引导作用。如果不及时地对孩子加以正确的引导和教育，将来孩子可能会成为一个唯利是图的人。如果因此而酿成什么苦果，父母只能自己品味其中的苦涩了。

庆庆和妈妈一起去超市买东西，在付款的时候，庆庆看到了一个特别大的奥特曼玩具，缠着妈妈非要买不可。妈妈认为，家里面大大小小的奥特曼已经有几十个了，再买已经没有什么必要了，而且这一个这么大，价格也不便宜，因此就和庆庆商量："儿子，咱们不买这个了，家里已经有好多了。"庆庆说："不行，我就想要！"然后，眼泪马上就流了出来。

妈妈心软了，想给他买了算了，可是又一想，自己还得领着孩子，实在是拿不了这么多东西，于是就欺骗庆庆说："妈妈今天钱不够，先不买了好吗？"儿子不接受妈妈的提议，坚持非要买不可，还在超市里哇哇地哭，引得很多人都在看。妈妈的脸上有些挂不住了，连想要买的东西也不要了，一把拉过哇哇哭的庆庆，快步地走出超市回了家。

回到家里，庆庆还在抽抽搭搭地哭，妈妈生气地说："你说你今天让妈妈多丢人！"庆庆说："我就要那个奥特曼，我没有那么大的，妈妈拿钱给我买去，拿钱给我买去。”妈妈气得瞪着眼睛厉声说：“你就知道花钱！”

让妈妈万万没有想到的是，庆庆在听了这句话以后，不但哭得更凶了，而且用小手指着妈妈说：“我就想要，你快点去给我买！不给我买就是坏妈妈！”

孩子爱花钱，是让很多父母都头疼的事情。在遇到这种情况的时候，父母在伤心之余，应该做的不是斥责孩子，而是自我反省。

其实孩子对于金钱的全部理解都是来源于父母的，大多数孩子对钱最初的理解只有两点：钱是从银行取回来的，钱能买到想要的东西。除此以外，很少有父母会告诉孩子钱的来历，更少有父母教过孩子应该用钱去买什么。

父母能够意识到孩子有乱花钱的毛病是件好事，但是教育孩子的方法不能过于简单，用“你就知道花钱”对孩子进行斥责或者从此坚决不给孩子买东西，都是很难改变孩子的金钱观念的。这种行为只会让孩子认为父母不给自己买东西就是不喜欢自己了。这种事情如果多次发生的话，便会让孩子在心目中对自己的看法加以证实，从而疏远甚至仇恨父母。

正确的教育方法应该是：父母应该首先告诉孩子钱是怎么来的；其次还要告诉孩子该怎么花钱，从而培养孩子正确的金钱观；此外，父母还要以身作则，共同帮助孩子把坏毛病改掉。

专家支着：

如何避免孩子乱花钱的习惯

1. 告诉孩子钱是怎么来的

这是孩子必须知道的，是解决问题的根本。大人有必要从孩子小时候就告诉他，钱是爸爸妈妈辛苦工作赚来的，而不是银行给爸爸妈妈的。如果爸爸妈妈不工作，就不会有人给爸爸妈妈钱了。当你有一天筋疲力尽地回家的时候，孩子来到你旁边，摸着你的脸对你说："妈妈上班很累吧？你休息一会儿吧。"就是宝宝知道辛苦是什么概念了。

2. 大人们立场要一致

要想控制孩子的零花钱，不能只靠父母的约束，爷爷、奶奶、姥姥、姥爷都要参加到这个行动当中来，大家要口径一致，行动一致。做通老人的工作，是一个比较艰巨的任务。如果任何一方纵容孩子乱花钱，就收不到应有的效果。

3. 鼓励孩子储蓄

大人们可以这样鼓励孩子存钱："以后咱们把零花钱全存起来，等攒多了，你就可以用自己的钱去买自己喜欢看的书了！因为书里有好多好多的为什么。"同时你还可以对孩子说，以后家里面的硬币归他收集。如果你能领着他亲自去买一个储蓄罐，那么，当他把第一枚硬币扔进储蓄罐的时候，他就会开始热衷于这件事情了。

4. 不要用金钱和孩子做交易

当孩子不爱写作业的时候，当孩子吵闹的时候，当孩子妨碍大人做事的时候，大人们偶尔也会与孩子商议一些交换条件，当然，积极有效的交换条件是可以适当选用的，但是金钱，绝对不可以成为这个条件中的主角，因为这种交换方式，会让孩子不懂得珍惜金钱，甚至变得大手大脚起来。

叫你别闹了，还闹

孩子天性好动，喜欢闹腾。可是，大人有大人的事情，如果大人正在电脑前工作，正在思考问题，正在交流重要的事情，正在会客……孩子在一旁闹得天翻地覆的话，大人通常都会用正常的语气制止孩子，如果无效，往往就会发怒："叫你别闹了，还闹！"有的孩子见到父母生气，就会立即安静下来；有的孩子则会越闹越凶。无论如何，这种方式都是不妥的，那么，这样有何不妥呢？

晚上刚回到家，贝贝便甩掉小书包，拿起冲锋枪，在客厅里开始了"冒险之旅"，他一会儿把前面的花盆当成假想的敌人，没完没了地开枪射击；一会儿又把后面的沙发当成偷袭者，回过头来扫射一番，仿佛是一个腹背受敌的英雄，在无所畏惧地战斗。

爸爸听到客厅里的声音，出来制止他说："贝贝，别闹了，去，到别处去玩儿！"

贝贝转移了战场，到自己的房间里去了，关上房门，把冲锋枪换成了小手枪。贝贝藏在床后，一会儿露出头对着门打一枪，一会儿对着地上的大玩具熊打一枪，闹腾得不亦乐乎。

爸爸再一次出来抗议了："贝贝，不要闹了，听见没有？"

贝贝答应了一声，暂时停止了行动，可是过了一会儿，小家伙再次行动起来，拿出红缨枪，练起了枪法，嘴里还不停地发出呼喝声。

爸爸终于忍不住了，呼的一下打开贝贝的房门，抢过红缨枪扔在地上，并一把将贝贝拉到墙边，瞪着眼睛对贝贝喊了一声："叫你别闹了，怎么还闹！不许再出声，听见没有！"

小贝贝气呼呼地喘了半天粗气，爸爸一关上房门，一个小球就砸到了门上，接下来，贝贝因此挨了打。

在我们国家，受传统观念的影响，父母认为孩子对自己的话言听计从是一件理所应当的事情，如果孩子不听话，则会被视为故意与父母作对，这个时候，"叫你别闹了，还闹"是父母比较常用的一句斥责孩子的话。

实际上对于天性淘气的孩子来说，他们并非不知道父母希望他们做些什么，只是与他们身体的成长一样，孩子的思维方式和自控能力也需要一个成长的过程。这个过程之中，他们无法理智地控制自己的行为和欲望，如果因此而受到指责，对于孩子来说是非常不公平的。

作为父母，如果真的希望孩子把你的话放在心上，类似于"叫你别闹了，还闹"这种话还是少说为妙。父母并不一定要时时刻刻表现自己的威严，适当地顺应孩子的天性，对孩子讲道理，才是最聪明的父母。

专家支着：

如何对付闹腾的孩子

1. 声音不必太大

孩子闹腾时，如果父母用比较严肃的表情面对孩子，并且用比较严厉的语音语调和他说话，反而会让他摸不着头脑，从而把注意力转移到你这里来，不敢轻易地再放肆了。

2. 郑重地给孩子讲道理

父母可以对孩子进行警告："你这样做会妨碍别人，是不对的，所以妈妈不希望你继续做下去，也相信你能做到，可是如果你继续这样的话，我想我可能会生气的。”面对妈妈郑重其事的神态，极少有孩子有胆量再继续抵抗下去。

3. 给孩子一点放肆的时间

如果孩子对父母的话充耳不闻，父母可以适当地沉默一下，在他旁边，一言不发地看着他放肆，然后什么也不说，就在他旁边等他停止，而不要用“叫你别闹了，还闹”去制止他。这样的话，用不了多大一会儿，孩子就会发现你在盯着他，而且你今天并没有像每天一样发脾气，你那严肃的表情，会让孩子觉得肯定是自己有什么地方做得不对了，因此会自己停止正在进行的调皮行为，有的孩子甚至还会迅速地向父母道歉。

孩子犯错时，请别说……

孩子犯错时，父母恼怒的心情可以理解，但父母对孩子绝不能连打带骂。这样做不仅会严重地伤害孩子的自尊心，而且容易造成恶性事件，使孩子犯更多的错。所以，孩子犯错时，父母一定不能说……

你又做错了

孩子犯错误时，父母不告诉孩子错在什么地方，而是直接指责孩子“你又做错了！”父母以为这种直接的指责就可以让孩子记住教训，以后不再犯错，但结果可不一定会如父母希望的那样。如果孩子不知道错在哪里，他就不可能去纠正错误；只有孩子从内心认识到了自己错在哪里，才会真正地接受父母的意见，改正错误。

清晨，妈妈醒来时发现宝贝儿子亮亮正眼巴巴地等在枕边，看到妈妈睁开了眼睛，小家伙欢呼了一声后，大声地说：“妈妈，生日快乐！”

妈妈愣了半天才回过神来，高兴地抱住亮亮：“啊呀，谢谢儿子！”

亮亮把紧攥的小拳头伸到妈妈面前说：“妈妈，送你一份生日礼物，你猜是什么？”妈妈说：“乖儿子，妈妈猜不到，快告诉妈妈。”

亮亮盯着妈妈的眼睛，小手慢慢地张开，一只粉红色的塑料小发卡出现在妈妈眼前，听到妈妈那句惊喜的“哇，真漂亮”之后，亮亮兴奋地说：“妈妈，我帮你戴上吧！”然后，他伸出小胖手，把发卡认真地别在妈妈刚刚睡醒后还未梳理的乱发上，并且噘着小嘴，在妈妈的脸上亲了一下。

妈妈搂着儿子，高兴地摇啊摇啊。

忽然，妈妈想起了什么，她把亮亮轻轻地从身上推开，问亮亮：“告诉妈妈，哪儿来的？”亮亮说：“我买的。”

“买的？”

“是啊，是在楼下的杨奶奶那儿买的。嘻嘻，很漂亮吧，妈妈？”

说着，亮亮又凑近了妈妈，并伸出小手，轻轻地去摸妈妈发间的小发卡。

可是妈妈又把亮亮推开问："你哪儿来的钱买的？"

亮亮兴冲冲地跑到妈妈的书桌前，像个胜利者似的打开抽屉说："就在这里呀，我发现这里有钱，就拿去给妈妈买了礼物。"

妈妈的脸色陡地一变。

她把粉红色的小发卡从头上一把抓下来，非常严厉地对亮亮说："亮亮，你又做错了！"

刚刚还在高兴的亮亮一下子被妈妈吓呆了，事情就这样不愉快地结束了。

……

那一年，亮亮五岁。

亮亮20岁的时候，有一天晚饭后全家闲谈，妈妈随意地说了一句："今天同事小张生日，她女儿送她一个水钻发卡，可真漂亮，小张戴着到处炫耀，可高兴了！"

亮亮听后沉默了，转身回了房间。过了一会儿，他从房间里走出来，把一个粉红色的小发卡放到妈妈面前，对妈妈说：

"我也送过的，但是您说过，我做错了。"

孩子犯错时，如果父母劈头一句"你又做错了！"孩子就会把注意力转移到父母的态度上去，而对于父母的初衷，往往就给忽视掉了。"你又错了！"无异于向孩子宣布：你是个只会做错事的孩子！

而一个认为自己只会做错事的孩子，往往会失去做事的原则，要么，从此做事畏首畏尾，胆小怕事，要么，恣意妄为。而这都不是父母们所期望的。更可怕的是，无论是哪一种结果，有一点是相同的，那就是：孩子对父母的那份亲密会逐渐变淡。这是任何一个为人父母的家长都不愿意看到的结果。

所以，孩子犯错误的时候，父母千万不要说"你又错了！"这样，孩子便不会再迷失在错误中了。父母在纠正孩子的错误时，既要引起孩子足够的重视，又要采用适当的方法。父母应该告诉孩子哪里做错了，应该怎么做，这样孩子就比较容易接受了。

专家支着：

如何指正孩子的错误

1. 指出孩子的错误所在

不论孩子出现了什么样的问题，父母都不要仅仅直接指责一句“你又错了！”然后在生气中结束，而应该明确地指出孩子的错误在哪里，这样，孩子才能够接受，并真正改正错误。父母如果只说“你又错了”这种概念不清的话，会使孩子觉得很迷茫，无从分辨是非。

2. 了解孩子的初衷

孩子无论做什么错事，都有他的动机，父母可以坦诚地和孩子沟通一下，看看他是出于一种什么样的心理去做这件事的，也许父母从孩子的描述中，会发现孩子是好心办了错事。如果是这样，父母就应该先肯定孩子的出发点，然后再指出其方式的不当之处，而不应该指责孩子“你又错了！”

3. 不要翻旧账

孩子犯了错误，父母批评的时候应该就事论事，不要翻旧账，恨不得把他做错的所有事情都翻出来晒晒。对于过去的错误，孩子已经受过指责，如果父母再指责“你又错了！”一方面，会让孩子觉得自己委屈，觉得父母根本就记不住自己好的一面，另一方面，孩子可能会认为自己太没记性，总是犯错误。最严重的是，孩子的心可能会因此离父母越来越远。

我再也不想看到你了

如果孩子做了错事，父母在批评他时也不要口无遮拦，对孩子说“我看到你就生气，再也不想见到你！”这样的话。因为孩子的错误是有限的，而父母这句话对孩子的伤害却有可能是无限的。

小勇失踪两天后，警察给小勇的爸爸打电话，让他去认领孩子。

小勇的爸爸、妈妈很快就赶到派出所，一看到他们，小勇立刻躲到了一个警察阿姨身后。

警察阿姨对小勇的爸爸妈妈说，昨晚，另一个区的警察发现小勇和一个乞丐在一起，他看到小勇的身上虽然很脏，但他穿的衣服不像是乞丐，所以起了疑心，而那个乞丐看到警察问这个孩子，就马上跑开了，因此他就把小勇带了回来。

开始的时候，警察不论问小勇什么，他都不开口说话。后来，一个警察阿姨把小勇带回了家，她不但给小勇洗了澡，而且还让自己的孩子和小勇玩儿，并且让他睡在自己身边，小勇这才慢慢开口说话了。

原来，小勇不小心把妈妈演出要穿的衣服撕破了。妈妈很生气，对小勇说:“不要到我眼前来,我再也不想看到你了！”因为演出的时间就要到了，爸爸只好陪妈妈出去买新衣服，临出门前，爸爸对小勇说让他自己待在家里，不许出去。

小勇说他特别害怕，不敢再待在家里了，因为他怕妈妈再看到他会打他、骂他，他还说妈妈已经不喜欢自己了，已经不要他了。

所以小勇就离家出走了，他要去找姥姥，因为姥姥对他最好了。他只知道坐车能去姥姥家，后来他跟在一个大人后面上了一辆公共汽车，看着窗外的一个地方像姥姥家那里，他就下了车。但他找不到姥姥家，由于饥饿难耐，他只好坐在路边哭。这时候有一个乞丐走过来问小勇要不要吃饭，小勇就跟着乞丐走了，并在乞丐住的地方住了一夜。乞丐想让小勇帮他要饭，小勇不愿意，乞丐就打他，还不许他哭。

因为小勇能说出爸爸、妈妈的名字，并且知道自己的家庭住址，所以那个区的警察就和他们区的警察取得了联系，知道了爸爸妈妈正在找小勇，就把他送了回来。

小勇的妈妈听完了这一切，伤心地哭了起来，她只是说了一句气话，竟然差点失去了儿子，这让她怎能不伤心呢?

和父母在一起时，孩子会感觉很安全。无论在生活上还是在心理上，孩子对父母都具有很强的依赖性，孩子最害怕的事情就是被父母抛弃。而“我看到你就生气，再也不想看到你”这种话，最容易让孩子产生恐惧感。被抛弃的念头只要从孩子的小脑袋里冒出来，孩子的不安全感就会随之产生。就像故事里的小勇，如果他没有及时遇到警察，后果将不堪设想。

孩子的心理很脆弱，父母一时的气话也会让他们信以为真。“再也不想看到你”这种口无遮拦的话，会对孩子造成极大的伤害。

所以，当孩子犯错时，父母一定要注意多与孩子沟通，给孩子讲道理，让他懂得他的错误会对自己和别人造成伤害。同时，父母要学会调整自己的情绪，千万不要用“我再也不想见到你了”这种话去训斥孩子。

专家支着：

孩子犯错误时如何控制自己的情绪

1. 该发脾气时不必克制

如果孩子犯了错，父母该发脾气时也没必要强行克制，因为如果父母一次一次地压制自己的情绪，就会把大量的负面情绪积攒起来，当孩子犯了严重一些的错误的时候，父母就会把长期压抑的情绪完全爆发出来。但是父母要注意，发脾气的时候要就事论事，不要牵扯其他的事情，更不要对孩子说“看到你就生气，再也不想看到你”这种话。

2. 提前发出警告

如果父母能够提前预知孩子的某种行为的不良后果，就可以采取提前警告的方式。父母要提示孩子他这样做是不正确的，并告诉他这样做有可能会造成什么样的后果。如果孩子真的那么做了，父母则应该适当地批评指正孩子。在这个时候，孩子通常都没有胆量继续犯错误。

3. 生气后要与孩子平和地讲道理

如果父母忍不住对孩子发了脾气，事后就一定要和孩子平和地交谈。父母要对孩子的行为进行分析，告诉他父母为什么会发脾气，同时也要对自己发脾气的做法表示否定。父母要让孩子明白有些事情是不能做的，并告诉他那样做会造成什么样的危害。这样可以帮助孩子分清是非，减少孩子犯类似错误的概率，更会加深孩子和父母的感情。

你看，我说得没错吧

大人通常比较了解孩子的特点，比孩子具有更强的逻辑推理能力和预测能力，往往能够在事前预知孩子的某种举动可能导致的后果。但孩子有自己的想法，他们往往是不撞南墙不回头。如果大人的预言应验了，大人会不自觉地对孩子说："你看，我说的没错吧。"此时孩子已经够难受的了，这句带有强烈讽刺意味的话好比雪上加霜，会极大地伤害孩子的自尊心，这难道就是大人所期望的吗？

斌斌每天都盼着下雨，因为爸爸给他买了一把新雨伞。

终于有一天天阴了，上学之前，斌斌央求妈妈把雨伞拿给自己，可是妈妈不同意，妈妈说："还是穿雨衣吧，你会把新雨伞弄丢的。"

斌斌再三向妈妈保证他一定不会把雨伞弄丢，一定会注意保管，妈妈这才把新雨伞交给他。斌斌兴奋地把雨伞放进书包，去上学了。

虽然天阴了，却一整天也没下雨，斌斌把新雨伞拿出来好多次，却没有机会用它。

晚上回家后，妈妈对他说："没有下雨，妈妈帮你把雨伞放起来吧。"斌斌说："好吧。"

可是，当斌斌打开书包的时候，雨伞却不见了。这下斌斌傻了眼，站在那里哭了起来。妈妈听到他的哭声，走过来问："怎么了？"斌斌哭着说："雨伞不见了，我今天明明装到书包里了，怎么会不见了呢？"

妈妈冷笑着哼了一声，说道："怎么样，让你不要拿，你就是不听。

你看我说得没错吧？你要是不把它丢了，你不甘心！”

听了妈妈的话，斌斌哭得更凶了。

斌斌好不容易才拿到了雨伞，欣喜之情不言而喻。他无意中失去了自己的宝贝，内心的懊恼可想而知。面对一个谁都不希望出现的结局，孩子已经非常不安和难过，此时父母如果连讽刺带挖苦地对孩子说“你看我说得没错吧”，只会在孩子心灵的伤痕上又撒上一把盐。在这个时候，孩子最需要的是来自父母的安慰，以减轻内心的不安，可是他得到的是来自妈妈的“你看，我说的没错吧”。父母这样说会让孩子觉得现在这次失误是妈妈早就预料到的，自己不过是掉进了一个圈套。这哪里是一个孩子能够接受的事情呀！让孩子用有限的承受能力去接受一件他无法承受的事情，这是何等的残忍。

父母的讽刺，可能会让孩子从此失去对父母的信任，也有可能让他学会这种不当的沟通方式，甚至有一天会把这种沟通方式用到父母身上，这恐怕都不是父母希望的吧。

专家支着：

如何安慰自己的孩子

1. 及时安慰

当孩子无助的时候，父母应该及时地、耐心地与孩子交流，并且一定要注意语调和语气，让孩子把遇到的事情完完整整地说出来，并对他进行安慰，同时也别忘了，同情孩子一下。这个时候，父母不应该对孩子说“你看我说的没错吧”，以免他因父母的生气引起新的不安。

2. 给孩子希望

如果出现了一个谁都不希望的结果，面对心理更脆弱的孩子，大人不要责备孩子“你看，我说得没错吧”，相反，应该宽容孩子，帮助孩子分析一下事情的经过，并找到破解问题的可能性方案，给孩子以新的希望。这样，孩子就会从不安和难过中暂时解脱出来，勇敢地去面对问题，并进一步去解决问题。

3. 尊重并信任孩子

受到突然的打击之后，孩子容易产生挫败感，也可能产生不自信的心理。这时，父母应该表达对孩子的信任，相信他能够从不安和难过中解脱出来，并进一步找到解决问题的可能性方案。得到父母的理解、信任和支持，是孩子最大的安慰。如果父母对孩子说“你看我说的没错吧”，则会让孩子感觉到自己从来都没有得到过父母的信任，从而加重了孩子的不安心理。

你连人家一半都比不上

当父母看到别人家的孩子又乖巧又伶俐的时候，总会很羡慕人家的孩子。当自己的孩子犯了错误的时候，父母就难免会拿自己的孩子和人家的孩子比较,失望之余忍不住会对孩子说“你连人家一半都比不上”。实际上，每个孩子都有优缺点，父母与其拿别人孩子的长处来比自己孩子的短处，倒不如多看看自己的孩子的进步和优点。

幼儿园里正在上课，霖霖却在一心一意地玩自己的小熊，老师提问他，他没有回答上来，因而没有得到小红花。实际上，霖霖因为上课走神已经好几天没有得到小红花了。

晚上，妈妈问霖霖：“今天得到小红花了吗？”霖霖低下了头不吱声。妈妈说：“又没得到？是不是今天上课又没注意听讲？你看看人家美美，每天都能得到小红花，你看看你，连人家一半你都比不上，什么时候你能赶得上人家一点儿，我就心满意足了。”

从那天开始，霖霖还真的开始上课注意听讲了，可是又不小心犯了随便说话的毛病，这样，他还是不能每天拿到小红花，于是妈妈的抱怨总是不停。

后来，霖霖干脆不愿意听讲了，他觉得，自己总是控制不住犯错误，总是拿不到小红花，反正自己是不如美美地，哪能像她那样总有小红花呀。

霖霖的妈妈因为孩子上课不注意听讲,便抱怨自己的孩子不如别人，甚至说自己的孩子“连别人一半都比不上”，虽然这激起了孩子的上进心，但是当孩子发现妈妈设立的那个目标自己很难达到的时候，便选择了放弃。

许多父母都是如此，他们常常会忽略孩子与榜样之间的个体差异，将目光总是盯着前面的孩子，甚至是名人，鼓励孩子去模仿，结果孩子越比越失望，越来越觉得自己一无是处，到最后，孩子甚至连最基本的自信心都没有了。

在处理这个问题的时候，云云妈妈的做法就比较好：让孩子和自己赛跑。

云云这次考试得了87分，而云云的好朋友小玲得了95分，当孩子把这两个分数告诉妈妈的时候，妈妈对她说："上次你只考了83分，这次比上次有进步，看来你的努力还是起作用了。"云云说："可我还是比不上小玲，而且这次差得太远了。"妈妈说："可是你的进步也很大呀！而且试卷上的题目才有几道呀，哪能说明你的真正水平。别以这几道题给自己排名次！继续努力，争取下次比这次还好。"

尽管云云一再地提起小玲的95分，但是妈妈一次也没有提到小玲，她只是让孩子相信，自己已经比前些时候进步了，并且以后要比现在更有进步才对。

这两个故事告诉父母们，要用平常心来对待孩子，要时刻关注孩子的每一个小小的进步，并适时地给予孩子鼓励，不能给孩子树立一个榜样，并且对孩子说"你连人家一半都比不上"。父母给孩子所设的目标，应该是她触手可及的，而这个最恰当的目标最好就是孩子过去的某个水准。

专家支着：

如何教孩子挑战自我

1. 激励孩子挑战自己

当孩子表现不够好时，千万不要对孩子说“你连人家一半都比不上”，否则的话，你也许会听到孩子这样的反驳：“明明家住那么大的房子，我们家却住这么小的房子，连人家一半都比不上！”其实，人最不容易超越的就是自己。父母可以这样对孩子说：“你有没有胆量挑战自己呢？”用这样的方式来激发孩子上进的勇气，趁机给他一些建议，并且告诉他：“爸爸妈妈都会支持你！”

2. 教孩子学会坚持

在挑战自我的过程中，孩子难免会遇到困难，很容易产生放弃的念头。这时，父母可以通过一些实例，告诉孩子坚持下去就是胜利，并且要对他的现有成绩给予肯定和表扬，这样会刺激他的信心，促使孩子把事情坚持到底，绝不能对孩子说“你连人家一半都比不上”。

3. 及时肯定孩子的阶段性成绩

孩子在自我挑战的过程中，如果取得了一点成绩，大人要及时地给予表扬，不要出于害怕孩子骄傲的心理，不愿意承认孩子的成绩。相反，父母不但要表达自己的肯定与赞扬，最好让周围的亲人都知道。父母要注意在人多的时候，尽量不要把孩子的缺点说出去，只要表扬他的优点就可以了，等到孩子得到赞赏以后，在独处的时候可以指出孩子的不足：“你看，这样做是不是不太好呢？”

谁让你撒谎的

当孩子撒谎的时候，父母会不自觉地产生“可耻”“丢人”等念头，与孩子的品质挂上钩，往往会不假思索地当场指责孩子：“谁让你撒谎的！”甚至进一步采取惩罚措施。其实，父母不必把孩子撒谎看得那么严重，更没有必要恐慌，认真分析孩子撒谎的原因，然后区别对待，才是明智的做法。

青青对妈妈说：“今天老师表扬我了。”妈妈说：“因为什么？”青青回答说：“因为我今天上课认真回答问题了。”妈妈高兴地说：“青青真乖，真给妈妈争气，妈妈太高兴了。”

第二天晚上，青青的妈妈去商店买东西，店主的儿子宁宁是青青幼儿园的同学，青青妈妈和宁宁的妈妈寒暄了几句之后，客气地表扬宁宁道：“宁宁真乖，看书看得这么认真。”听到阿姨的表扬，宁宁说：“青青今天上课不回答问题，被老师训了。”

尽管宁宁的妈妈及时制止了宁宁，并且对青青妈妈说：“小孩子乱说话，不要信他的。”青青的妈妈还是觉得非常没有面子，悻悻地走出了商店。

回到家里，妈妈把青青叫到面前，问她：“老师昨天真的表扬你了吗？”青青说：“是呀，妈妈。”妈妈又问她：“我今天听宁宁说老师昨天因为你不回答问题，批评你了，这是怎么回事？”青青低下了头，眼泪流了出来。

妈妈生气地说："谁叫你撒谎的？自己犯了错误，还回来欺骗妈妈，你知道多丢人吗？"青青非常害怕地看着妈妈，越看越害怕。

爸爸晚上回来后，妈妈告诉她："看看你的宝贝女儿干的好事，竟然学会撒谎了。"

爸爸揽过两眼通红的女儿，问道："青青，是不是很想让老师表扬呀？"青青流着眼泪点了点头。爸爸说："那咱们以后好好地回答老师的问题，做一个善于动脑筋又遵守纪律的孩子，老师肯定会表扬你的，相信爸爸好吗？"青青止住了眼泪，和爸爸碰了碰额头，还拉了勾。

孩子爱说谎，确实是个让父母头疼的问题。其实，孩子撒谎都是有原因的。

从成长的角度讲，撒谎是孩子必然会经历的一个阶段。年幼的孩子因为不能正确地区分幻想和真实的差距，往往会因为头脑中的逼真想象，或者自己的一个美好愿望，而说出与事实不符的话来，这是孩子的天性使然。

也有一些习惯撒谎的孩子，他们撒谎的目的是为了让自己的错误不被父母发现，从而躲避惩罚。

还有一些孩子撒谎的原因是：他们在日常生活中，耳闻目睹了父母经常会说的一些善意的谎言后，由于孩子并不具备分辨是非的能力，所以会认为连父母都可以撒谎，可见撒谎是一件正常的事情，从而忽视撒谎的错误性。

无论是什么原因，父母都不应该不分青红皂白就斥责、惩罚孩子，否则，孩子会因此越来越不敢说实话，或者习惯性地撒谎，最终成为一个缺乏真诚的人。

专家支着：

如何教孩子做一个诚实的人

1. 分析孩子撒谎的原因

造成孩子撒谎的原因有很多，父母应该区别对待。比如，对于进入易撒谎阶段的孩子，父母不要当时揭发或者特别指出他的错误，而是应该在事后给孩子指出想象与真实情况的区别，并教育孩子诚实光荣的思想。随着年龄的增长和孩子认知能力的提高，这个爱撒谎的年龄段自然会过去的。

2. 不要以惩戒为主

对于有说谎习惯的孩子，父母应该以教育为主，为孩子分析撒谎的危害，并鼓励孩子改正。在孩子改正时，父母应及时给予表扬。如果孩子想要掩盖的错事造成了严重的后果，父母在对孩子进行责罚时一定要注意方式，要以教育为主，适当惩戒，千万不能对孩子采取过分的措施。用言行伤害孩子的自尊心，是最愚蠢的方式，因为这样会适得其反。

3. 不要对孩子管束过严

孩子都有着较强的好奇心和探索行为，如果父母对孩子的管束过于严格，过分限制孩子的行为，孩子就会在尝试心理的强烈驱使下，自然地采用撒谎的办法对待父母，以达到自己的目的，经常性的反复这种行为，对孩子性格的形成是十分不利的。

4. 以身作则

父母是孩子效仿的第一目标，父母的一言一行都是孩子学习的榜样。由于孩子对父母言行的初衷不具备辨别能力，因此父母在孩子面前说话做事一定要注意分寸，不要在孩子面前言行不一致，避免孩子效仿。

孩子遇到困难时，请别说……

每个孩子遇到困难后的反应都不一样，有的选择放弃、有的面对挑战、有的寻求帮助……父母首先应该让孩子学会勇敢地面对困难，树立解决困难的信心，再运用有效的指导策略给予孩子直接或间接的帮助。而不是对孩子说……

你做得好就奇怪了

当孩子遇到困难的时候，第一个想到的就是父母，他们希望从父母那里得到克服困难的指导与帮助，父母如果在这时候对他说："你做得好就奇怪了。"父母的这种讽刺、挖苦和打击，无疑会严重挫伤孩子的自尊心和自信心，一些孩子甚至会因此形成急躁或者消极退缩的性格。

兰兰有了一个新的小布娃娃，她很想给它做件衣服，于是她找出她的小手帕、小剪刀，学着妈妈做衣服的样子，剪了起来。可是这把小剪刀是用来剪纸的，不够锋利，兰兰把小手帕放到剪刀里，就是剪不开。尝试多次失败后，兰兰对妈妈说："妈妈，帮帮我吧！"妈妈回答道："妈妈正忙着呢！"兰兰说："那我要用你的大剪刀。"妈妈说："不行，那哪儿是你用的东西。玩儿去吧，给你你也做不了。"

听到妈妈的话，兰兰说："妈妈，兰兰能做好的，好妈妈，把剪刀给我吧！"

妈妈说："你能做好？你能做好就奇怪了。去，一边儿玩去。"

兰兰听了妈妈的话，更加不高兴了，她重新走回到自己的"小战场"前，拿起小剪刀，费力地一下一下去剪小手帕，可依然剪不开。最后，兰兰生气地把小剪刀"啪"的一声扔到地上，大声地说："讨厌！什么剪刀！这个破布娃娃这么丑，连件漂亮的衣服都没有，我才不稀罕呢，我不要了！"然后，她把小手帕连同那个新布娃娃一起扔到了地上。

在孩子遇到困难的时候，身边能够帮助他们的往往只有父母，这个时候，父母是帮助，还是旁观；是鼓励，还是讽刺，对孩子的心理影响非常大。因为孩子在小时候所形成的面对困难的心态与方法，对他们整个一生都将起到决定性的作用。一个人遇到问题时，是积极还是消极，往往源于儿时所受到的影响和教育。

孩子在成长的过程中，独立意识不断地萌芽、增强。他们的愿望常常都是和自己的亲身体验有关的，比如能自己下一次楼，能自己去买一次东西，能亲手给小娃娃做一件小衣裳……可是，孩子被自己的愿望驱使着去进行这些尝试之前，并不能够准确地认识到自己的能力与所具备的条件，因此，遇到困难是在所难免的事情。如果他们被最初的困难击败，那么对于他们进行进一步的探索与尝试，则会产生不利的影响。

在这个时候，孩子最需要来自父母的支持和理解。父母的一句鼓励的话，会使孩子重拾信心；父母的一个小小的援助，会让孩子得到克服困难的勇气。

可是，不少父母却未能把握好这些教育孩子的最好时机，主动放弃这些机会，甚至对信心坚定的孩子说："你做得好就奇怪了！"这种讽刺式的否定态度，会让孩子变得不满、暴躁，或者消极。

孩子的人生之路还很长，他们碰到的阻碍与挫折将会越来越多，也越来越大。身为父母，在孩子面对困难的时候，一定要注意培养孩子积极乐观的心态，使孩子形成不畏艰难的习惯性心态，切莫用一句"你做得好就奇怪了"毁掉孩子的自尊心和自信心。

专家支着：

如何培养积极乐观的孩子

1. 营造轻松的家庭氛围

想让孩子具备面对困难时的积极乐观的心态，首先应该让孩子形成积极乐观的习惯与性格。家里面的气氛一定要轻松，父母之间的关系一定要融洽，父母不要把日常工作中的不满情绪带到孩子面前来。最主要的一点是父母要经常和孩子保持愉快的沟通。

2. 给孩子微笑

在孩子成长的过程中，无论是孩子学会了自己翻身，学会了自己扣纽扣，还是学会了自己洗一块小手帕，父母都一定要笑着面对孩子，微笑是对孩子的隐性鼓励和表扬，即使是不会说话的孩子，看到父母的笑脸，也会信心大增。

3. 帮助孩子提出问题、分析问题

当孩子遇到困难的时候，如果父母帮助孩子发现问题，分析问题，把问题分析透，孩子可能自己就能够找到解决问题的方法。这时，父母应该及时地给予孩子表扬。如果父母把问题摆明、分析透以后，孩子还是不知所措，父母应该继续给予鼓励，直到孩子找到办法为止，并且告诉他，克服困难后会是什么样子。这样，孩子就会对即将到来的成功充满憧憬，满怀信心地去想办法了。

总之，不论采取哪一种方式，父母都应该以鼓励和帮助孩子为主，绝对不能用“我就知道你做不好！”来刺激和打击孩子。

你怎么什么都做不好

孩子的探索欲望是很强的，他们对于自己没有做过的事情有着与生俱来的兴趣和冒险精神，当他们遇到难关的时候，往往会求助于父母，父母如果在这个时候说“你怎么什么事情都做不好！”很容易造成孩子对父母这句话的认同，认为自己缺乏能力做好任何事情。

看到妈妈能够用洗衣粉或者肥皂把衣服洗得干干净净的，小敏非常羡慕，于是，她提出要自己来洗自己的小手帕。

晚饭后，小敏一个人到洗手间的水池边，开始洗手帕。

尽管小敏费力地想把自己的小手帕洗干净，肥皂块被她用得越来越小，可是小手帕上面有一个小黑点还是顽固地待在上面，这个时候，小敏着急了，她一边用力洗，一边发出“咿咿”的声音。

妈妈听到了小敏的声音后走过来问：“怎么了？”

小敏说：“妈妈，你看我的手帕，这个小黑点就是洗不下去，累死我了，这可怎么办呀？”

妈妈看了看小敏的手帕，又看看那块早晨才打开包装的小肥皂，有些生气地说：“就这么点小事，你就费这么大力气，你这孩子，怎么什么都做不好！”

小敏很委屈地说：“我用了很大的力气，它就是洗不掉，我也没有办法呀！”

妈妈生气地说：“用了这么多肥皂还洗不掉一个小黑点，你还能做得了什么呢？算了算了，不要洗了。”

小敏的妈妈经常说这句话，以前，小敏只当是妈妈埋怨，可这一次，小敏开始信以为真，既然自己洗不好小手帕，小敏就再也不自己洗了。后来，每当她遇到困难，她总会说：“小敏做不好，妈妈来吧！”

当孩子遇到困难的时候，他会非常着急，越着急往往就越找不到方法，这对于孩子的心理挑战是非常大的。这个时候，父母应该给予孩子鼓励和指导，而不是说：“你怎么什么都做不好！”

经常得到父母鼓励和赞扬的孩子，往往性格开朗，创造热情高，勇敢自信；而经常受到父母嘲讽或者羞辱的孩子，往往性格怯懦，极度自卑。因为孩子对于大人给自己的褒贬往往非常敏感，尤其是对于父母的负面评价，这些负面评价会使孩子把过去所得到的所有来自父母的正面评价抵消掉，从而丧失了去面对、战胜困难的信心。

如果父母想培养孩子面对困难时的勇敢和挑战精神，就一定要保护好孩子与生俱来的斗志，不要随随便便就抛出那句“你怎么什么都做不好！”

专家支着：

如何保持孩子的斗志

1. 适当地鼓励和指导

父母应该明白：孩子即使做得不好，如果能够直面困难，勇于接受挑战，始终保持高昂的斗志，这已经非常不错了。相反，如果一个孩子在困难面前缺乏斗志，只有三分钟的热度，这其实就是性格怯懦或者缺乏恒心的表现。不过，这时候，父母应该给予孩子适当的鼓励和引导，这有助于培养孩子的挑战精神。如果父母非但不鼓励孩子，反而予以打击，这只会加重孩子的自卑。

2. 不要打击孩子

当孩子遇到困难的时候，他们不一定需要父母提供直接帮助，往往只是想要父母给自己一个建议和指导，然后自己亲自去解决它，这本应是件令人欣喜的事情。父母如果情绪化地对孩子说“你怎么什么都做不好！”这只会严重地打击孩子的自信心，如果孩子听到这句话的次数多了，便真的会丧失斗志，失去挑战困难的勇气，形成怯懦的性格。

3. 为孩子提供磨炼斗志的机会

现在的孩子缺少了父辈成长阶段面临的许多生活困难。尤其是城里的孩子，上楼坐电梯，衣食无忧，能够得到的磨炼机会非常少。这个时候，父母应该尽可能地在生活中为他们提供一些独自面对困难的机会。比如，让孩子走步行梯上下楼，多让孩子步行、运动，让孩子生活自理，让孩子收拾家务，让孩子帮助大人解决一些生活中的困难……并且注意，当孩子遇到困难或者失败的时候，千万不要数落孩子，对他说“你怎么什么都做不好！”

你不行，我来

随着孩子年龄的增长，他们常常会产生独立做事的愿望。当孩子开始尝试着自己做事情的时候，很多父母都会放心不下，一旦孩子遇到些困难，他们就会立即上前说："你不行，我来。"父母这样做多半出于关爱孩子和保护孩子的目的。然而，如果父母总是"包办"孩子的一切事情，就会使孩子失去许多锻炼独立解决问题能力的机会，长期如此便会使孩子形成凡事依赖父母的习惯。这样的孩子的自理能力、独立做事的能力往往较同龄孩子差许多。

英子早晨起床后，她不愿意打扰妈妈睡觉，于是就想自己到厨房热早饭，可是她却不知道该如何下手。此时，妈妈起身来到厨房，她生怕英子有什么危险，连忙对她说："你不行，我来。"

此后，当英子想自己学打饭、自己学洗脸、自己学穿衣服、自己学洗衣服时，妈妈总会对她说："你不行，我来。"

后来，英子就养成了凡事都依靠妈妈的习惯，长大后她还是如此。如果她的自行车需要打气，妈妈把气筒递给她要她自己打的时候，英子会对妈妈说："我不行，你来吧。"

有一次，爸爸生病住院，妈妈让英子去给爸爸送饭的时候，英子对妈妈说："我不行，你去吧。"

孩子的性格和能力与父母从小的教育密切相关。如果父母能适当地放开孩子的手脚，有意识地让他们去独立完成一些事情，那么，孩子日后的独立性就会较强。如果父母始终不把孩子的手脚松开，一味替他们做事，那么孩子就会养成依赖父母的习惯，凡事都不能自己独立完成，遇事也会没有主见。

陈景润曾经说过：“攀登科学高峰，就像登山运动员攀登珠穆朗玛峰一样，要克服无数艰难险阻，懦夫和懒汉是不可能享受到胜利的喜悦和幸福的。”事实上，不仅仅是在学术方面，在生活中的任何一个方面，直面困难对于人的意志力和独立性的培养都有着十分重要的作用。

培养孩子的独立性应该从小抓起，父母应该让孩子明白生活是要靠自己去创造的，不能依靠任何人，因为每个人都有自己的生活，只有自己动手，才能拥有自己想要的幸福。

专家支着：

如何培养孩子的独立性

1. 培养孩子自己的事情自己做

随着孩子年龄的增长，孩子想独立做的事情会越来越多，而他们在做事的时候难免会有些闪失。这个时候，如果父母大包大揽，凡事都说“你不行，我来”，则会让孩子对于自己的能力产生怀疑，并且形成依赖父母的习惯，这对孩子的成长是非常不利的。正确的做法应该是：如果孩子能够独立完成某件事，父母就不要干预；在孩子面临困难时，父母可以适当地给孩子一些指导；即使孩子没有将事情做好，父母也要鼓励孩子坚持下去。

2. 把孩子的决定权还给孩子

对于孩子自己的事情，父母要让孩子自己做主。父母可以给孩子提建议，给孩子一定的指导，但不要替孩子做决定。把孩子的决定权还给孩子，是一种尊重孩子的表现，也是培养孩子独立意识的重要途径。比如当孩子需要权衡穿哪一件衣服上台表演的时候，父母可以让孩子自己做主。

3. 做坚定自信的父母

在处理事情时，父母首先要做到坚定自信，不能在孩子面前表现得六神无主，优柔寡断；不要让孩子觉得父母缺乏主见，凡事都依赖他人。否则，不但影响父母在孩子心目中的威信，也不利于孩子的成长。

算了，你只有这么大能耐

面对困难，有时孩子百折不挠，进行了多次尝试后，依然不能解决问题。这时，看在眼里的父母往往会不自觉地说："算了，你只有这么大能耐。"这句话听起来算不上辛辣的讽刺，但对孩子形成的负面心理影响是不可估量的。孩子也许本来正要继续尝试，正在为解决问题寻找新的方法，"算了"这两个字就足以让孩子本来就焦躁的心理一下子就崩溃了，"你就这么大能耐"则为孩子的能力设了限，这句话很可能会暗示孩子：我再做努力也没有用了，父母都认为我就这么大能耐，我还是放弃算了。

甜甜生日的时候，爸爸送她一大盒拼图，拼图的图案是一幅甜甜最喜欢的花仙子。一幅图片被分成了许许多多的小片，要把它拼起来，对于只有四岁的甜甜来说，是非常非常困难的事情。妈妈对爸爸说："这是十几岁的孩子才能玩儿的，干吗不买一套简单点的？"爸爸说："孩子喜欢嘛。"

为了把花仙子的图案拼出来，甜甜从下午就开始忙活，可是拼了整整一个下午，她还是没有拼完花仙子的一张小脸。看到甜甜怎么也拼不好，妈妈说："不要拼了，你哪有那个能耐？"甜甜说："我不嘛，就要拼嘛。"

吃过晚饭，甜甜又开始继续拼她的花仙子了。为了拼好花仙子肩膀上的一朵小花，甜甜把剩余的小片翻乱了。这个时候，甜甜有些着急了，翻拼图块的小手也变得不耐烦起来。甜甜的小嘴里不停地说："啊呀，烦死了，烦死了。"妈妈听到了她的话，走过来对她说："算了算了，你就这么大能耐，不要拼了。"

听了妈妈的话，小甜甜一把掀翻了拼了一半的图片，说："爸爸真坏，给甜甜买这么破的拼图！"

甜甜的爸爸给孩子买了不适合他年龄特点的玩具，这是爸爸的错误。但是对于甜甜来说，她妈妈的错误更大。她不应该在孩子遇到困难但依然热情满怀地去寻找方法的时候，对孩子说"算了，你只有这么大能耐"。

困难、挫折往往与成功相伴相生，如果人们想在学习上和事业上有所建树，动辄退缩是万万不行的。就像爱迪生，如果当初没有一种信念支持着他试遍 1600 种灯丝，那么谁都无法设想电灯的发展会经历怎样一个漫长的历程，而支持他试验 1600 种灯丝的信念，就是不要轻言放弃的精神。

大人的话对孩子影响是极大的，积极的话成就积极的孩子，消极的话带来消极的孩子，大人说孩子是什么样的，他就会认为自己是什么样的。所以作为大人，尤其是作为父母，对孩子说话必须要慎重，千万不要在孩子遇到困难的时候，对他说"算了，你只有这么大能耐"，一定要告诉孩子：无论如何，不能轻言放弃。

专家支着：

如何磨炼孩子的意志

1. 教孩子直面挫折

如果孩子许下一个心愿，定下了一个目标，他们大多愿意向父母倾诉。如果孩子多次尝试后未能实现目标，遇到了困难或失败，父母不应该对他说“算了，你只有这么大能耐”，而应该教孩子直面挫折，直面困难、失败，敢于挑战，让孩子明白，在取得成功之前，遇到困难、失败是在所难免的，没有人随随便便能够成功。如果孩子被困难和失败吓倒，就不会有成功的机会。只有敢于面对困难和挫折，才能有勇气不断尝试，才会在不断尝试中激发出自己的内在潜能，找到解决问题的方法，最终才会创造奇迹。

2. 告诉孩子你能行

当孩子为自己的目标而努力时，父母要适时地对孩子进行支持和鼓励。如果父母相信他们会成功，他们就真的会相信自己一定能获得成功。因此，父母要保持一颗积极的心态，千万不要在孩子为了目标去努力的时候说什么“算了，你只有这么大能耐”之类的话。

3. 教孩子学会坚持

当孩子遇到困难时，父母要鼓励他们用积极的心态去面对。父母可以通过一些实例告诉他们：坚持到底才是胜利，要始终让他们保持对成功的渴望和对自己能力的信任，父母可以对孩子使用激将法、竞争法等提高积极性的方式。当孩子确实需要帮助的时候，父母可以教他们如何想办法去克服，但是无论如何不能打击孩子的自尊心，更不能对孩子说“算了，你只有这么大能耐”，这只会使他们仅有的一点自尊、自信和勇气荡然无存。

做不好没关系，把书念好就行了

当孩子遇到困难和挫折时，家长千万不能对孩子说“做不好没关系，把书念好就行了”，因为这种“万般皆下品，唯有读书高”的教育理念，非常容易把孩子培养成为一个只会读书而缺乏实际能力的“残疾人”。

然然上一年级时，有一次放学回家后，他的表情非常沮丧，一个人一言不发地坐着发呆。

在妈妈的追问下，然然才讲了他不开心的原因。

多年以前的北方，学校里没有统一的供暖设备。每到冬天，学校就会给每个教室发一个火炉，而点火的任务，就由每天值日的同学来承担。

那天然然很早便去了学校，进了教室后，他的第一个任务就是点火炉。然然从来没有点过火炉，因为家里面的火炉都是爸爸妈妈点的，这样的事爸爸妈妈根本没让他做过，所以在前一天放学前，然然特意向同学问了点火炉的方法。

但是，当然然自己去做这件事的时候，却遇到了麻烦。他按照同学告诉他的方法，先在火炉中放了些柴，并用纸点燃，然后再把煤块放进去，可是火炉并没有像他希望的那样燃起来。一会儿工夫，他就弄得满教室都是浓烟，直到所有的木柴都烧完了，他还是没有把炉子点着。

眼看着同学们就要来了，然然只好先打扫了班级的卫生。当同学们陆续走进教室的时候，然然看着冰冷的火炉，特别尴尬。

尽管后来有一个很能干的男同学从其他班级借来了些木柴，很容易就把火炉点起来了，可是，还是有同学悄悄地议论说，然然真是笨，连火炉都不会点。

整整一天，然然都觉得自己抬不起头来，上课时他也没有心思听讲，老师一宣布放学，他就一个人跑回了家。

然然很自责地对妈妈说："我怎么连这么点小事都做不好，人家很容易就做到了，我却怎么样都不行。"

这个时候，妈妈对然然说："我还以为是什么事情呢！这有什么，做不好没关系，把书念好就行了。你现在的主要任务是学习，只要学习好了，其他的事别人爱说什么就让他说什么。"

后来，然然便不再管其他的事情，只是专心学习。15 岁时，然然便被大学破格录取，但是母亲不得不陪同他一起上大学，母子二人在学校附近租房居住，因为然然始终离不开母亲的照顾。他不会叠被、洗衣服，不会搞卫生，不会与人相处，没有人叫甚至不能按时起床，尽管他能够学习大学的知识，但是他却没有办法适应大学里面的生活方式，这不得不说是一个悲剧。

其实，故事中的然然在因不会点火炉而羞愧的时候，母亲原本可以对他说："你不会点火炉，是因为你没有做过，明天妈妈教你怎么点火炉，下次值日的时候，妈妈相信你一定可以自己把火炉点起来，这样，就没有人会笑话你了，对不对？妈妈相信，你一定可以做好的。"

如果听了这样的话，然然一定会努力地去学习点火炉的方法，当他学会了这个小本领的时候，他一定会为自己的成功而感到自豪。可是，他却没有体会到这种乐趣，因为他的母亲偏偏对他说了一句"做不好没关系，把书念好就行了"。

父母不能永远做孩子的"保姆"，所以当孩子遇到学习之外的一些困难的时候，父母切忌对孩子说“做不好没关系，把书念好就行了”。一个人只有具备了实际能力，才能被社会所接受。

专家支着：

如何培养孩子的实际能力

1. 让孩子参与一些家务

孩子大多都有帮父母做事的愿望，但是当他们提出这种想法的时候，父母往往会拒绝他们，这其实是一种错误的做法。孩子愿意参与做家务，是因为他们产生了独立做事的愿望，这个时候，父母应该鼓励他们适当地参与其中，并鼓励他们坚持到底，使他们在参与做家务的过程中，培养实际能力。

2. 不要灌输读书至上的思想

学习知识对于孩子来说固然重要，但是自理能力是人生存的必备素质，与学习同样重要。父母不应该给孩子灌输读书至上的思想，因为这样会让孩子忽视其他能力的培养，在生活上过分依赖他人。这样的孩子虽然学习成绩好，但实际能力却较差，往往心理脆弱，经不起任何打击。

3. 鼓励孩子坚持

孩子在尝试自己动手做事时，难免会遇到挫折，这时，父母不应该指责孩子，更不能安慰孩子说“做不好没关系，把书念好就行了”；父母应该肯定孩子敢于尝试的勇气，鼓励孩子坚持下去。孩子遇到问题时，父母可以帮孩子分析问题，帮助他们找到克服困难的方法，这样才能逐渐培养孩子各方面的实际能力，磨炼孩子的意志。

孩子成绩不好时，请别说……

孩子的成绩好，做父母的自然高兴。可是，学习成绩是相对的，优秀的学生通常只是一部分，一定有成绩不够理想甚至分数很低的孩子。当孩子成绩不好时，父母如果不善加引导，孩子很容易丧失对学习的兴趣，觉得自己什么都不行。假如孩子的学习成绩不理想，做父母的千万不能这么说……

你怎么什么都不会

在大人看来孩子应该学会的事情，如果孩子没有学会，或者做得不好，大人就会比较失望和生气，有一种恨铁不成钢的心理。如果父母在这个时候指责孩子“你怎么什么都不会”，会严重打击孩子的自尊心和自信心；最好的方法是分析一下原因，鼓励孩子，并给予其建议和指导。你可以对孩子说，“妈妈相信你一定会成功的！”“只要你不放弃，你一定能够做好！”“你可以这样再试试。”

玉宁期中考试的成绩很不理想，妈妈看到试卷后非常生气，她问玉宁：“为什么会考得这么糟？”玉宁说：“有一些题我不会。”妈妈说：“每次问你能不能听懂老师讲课，你不是都说能听懂吗？怎么会这样？”

玉宁刚要辩解，妈妈就打断了他：“你看看，这么简单的题，幼儿园的小孩子都能做出来，偏偏你做不出来，你怎么什么都不会？你应该好好反省反省！”

玉宁不再说话了，拿过试卷回了自己的房间。

后来，玉宁的学习成绩始终没有提上去，他稀里糊涂地在学校混日子，等到初中毕业，便再也不愿意读书了。

没有一个孩子愿意受到父母的斥责，不论他犯了什么错，他们都希望得到父母的鼓励和帮助。每个父母都希望自己的孩子学习成绩好，但是，孩子的学习成绩并不一定都能够如父母所愿。当孩子的学习成绩不够好时，父母应该和孩子一起分析成绩差的原因，并进一步提出改进意见，而不是一味指责了事，千万不能说“你怎么什么都不会”。这不但容易造成孩子对父母产生不满和对抗情绪，而且也容易使他们怀疑自己的学习能力，从而完全丧失改变现状的信心。

所以说，在孩子的成长过程中，父母不能一味地指责孩子，更不能过分指责，如果能够帮孩子分析一下出现问题的原因，然后鼓励孩子找到解决问题的方法，孩子也许很快就能获得惊人的进步。

专家支着：

如何帮助孩子分析问题

1. 鼓励孩子自行解决

孩子表现不好，做事不让父母满意，父母不应该着急上火，马上指责孩子，而应该鼓励孩子自己说说原因，听听他对问题的分析，最好让孩子自己找到改变现状的方法和途径。这样不但可以提高孩子发现问题、分析问题、解决问题的能力，而且也会使孩子觉得自己得到了尊重。

2. 分析孩子平时的表现

父母当然不能凭孩子的一面之词就断定孩子表现不好的原因，除此之外还要综合考虑孩子的一贯表现。比如说，孩子平时是否能够做到按时完成作业，是否能够自觉地对课堂知识进行复习，是否有不良的学习习惯，等等。如果孩子平时的表现很好，并且日常成绩也不错，那么某一次的表现不好有可能是因为一时的发挥失常或者其他特殊因素造成的。

3. 与老师沟通

将孩子交给学校并不意味着父母就不需要再承担教育的责任，有效的教育需要父母和学校配合起来进行。父母要经常与孩子的老师进行沟通，这样就可以随时掌握有可能造成孩子表现不好的原因，及时与孩子沟通，将隐患消灭在萌芽状态。

你这个猪脑子

在人们印象中最笨的动物是什么？当然是猪了，最笨的脑子当然是猪脑子，这连小孩子都知道。因为孩子学习不好，父母就说孩子的脑子是猪脑子,这对于孩子来说无异于被贬低到了极点,哪里还有尊严可言？一个被剥夺了尊严的孩子，是不会真心地与父母合作的，相反，孩子会对父母心生怨恨，因为他们渴望得到尊重。如果孩子因为学习成绩不好而被父母训斥，他就会丧失对学习的兴趣。一个不思进取而又心怀怨恨的孩子，将来会有什么成就呢？

小向伟放学回家后，拿出一张试卷让妈妈签字。妈妈看到试卷上被老师画了好几个圈，分数的一栏上面写着：87 分。

看到这个分数，妈妈非常生气地对小向伟说："为什么只得了这么少的分数？"

小向伟低头着说："我有几道题没写。"

妈妈厉声问："为什么不写？"

小向伟嗫嚅地说："我，我不会。"

妈妈更生气了："什么？不会？这么简单的几道题，你怎么就做不出来？你这个猪脑子！笨死了。"

妈妈忍不住一把夺过试卷，开始辅导小向伟。

可是，不论妈妈怎么讲，小向伟就只是默不作声，结果他还是不会。妈妈实在非常生气，就冲着小向伟大声叫道："你真是猪脑子！朽木不可雕！”

孩子非常重视父母对自己的评价。父母的评价无异于给孩子贴上了一个标签，而这个标签不论是好是坏，都会让孩子深信不疑。父母对孩子负面的评价，则会使孩子的自尊心和自信心受到严重打击，甚至使孩子产生怨恨和自卑的心理。

如果一个人在某方面的兴趣受到打击，他可能在该领域就会毫无作为，孩子的学习也一样。学习的兴趣是孩子学习的动力，当孩子学习成绩落后时，如果父母训斥孩子“你这个猪脑子”！就会对孩子形成一种心理暗示：自己的脑子很笨，不适合学习，既然这样，哪里还有可能学得好呢？这样，孩子就会因为感觉自己没有希望而丧失学习兴趣。有的孩子甚至会认为父母平时对他很好，就是因为学习不好才会骂他，所以就产生了厌恶学习的心理，甚至学习兴趣也完全丧失。不仅如此，受到这种指责的孩子的自尊心极易受到挫伤，这会让孩子产生严重的自卑心理，还有可能导致孩子多方面兴趣的丧失，变得性格自闭。

所以说，当孩子学习成绩不好的时候，千万不要对孩子说“你这个猪脑子”，其实，许多成绩不好的人，在其他方面却表现出过人的才能，这可能是由于不恰当的教育方式造成的。

专家支着：

如何培养孩子的学习兴趣

1. 从小培养孩子的学习兴趣

孩子从幼儿时期起就会产生强烈的好奇心，他们往往会有特别多问题。对于孩子提出的千奇百怪的问题，父母一定要认真回答，鼓励孩子提出更多的问题，并带领孩子通过不同的途径寻找答案。父母可以多给孩子找些图书、光盘看看，经常带孩子去书店，经常带孩子到大自然和社会中学习，这样就会培养起孩子浓厚的学习兴趣。

2. 及时鼓励

孩子在学习过程中，成功与失败都是常事，作为父母，不应该只表扬孩子的成功。在孩子遇到挫折、失败的时候，应该对孩子的尝试精神进行鼓励，并帮孩子分析失败的原因。此时，最不可取的就是训斥孩子“你这个猪脑子”！

3. 及时为孩子提供帮助

当孩子在学习中遇到困难时，父母应该鼓励孩子自行解决。如果孩子做了各种尝试以后，确实不能自行解决，父母应该及时为孩子提供帮助，可以帮助、诱导孩子发现问题、提出问题、分析问题、解决问题，也可以根据情况提供直接的帮助。父母最不应该做的就是斥责孩子，像“你这个猪脑子”这样的话千万不可说出口。

怎么考得这么差

在父母眼中，孩子的分数高于一切。孩子这次考了 80 分，父母盼望下次能考 90 分；这次考了 90 分，父母盼望下次能考 100 分……真是目标宏伟。除了跟孩子的过去比较外，父母还会拿自己孩子的成绩，同其他孩子的成绩比较，某某考了多少分，某某某又考了多少分……父母通常会对孩子说："你看人家 ××，考了 100 分，你看看你，怎么考得这么差？""你考这么差，对得起老师吗？对得起我的一片苦心吗？"父母的一句话，就让孩子自惭形秽，无地自容；这样会让孩子觉得父母对自己要求太高，孩子会觉得自己真的很差。父母这样说，也否认了孩子的努力和付出，让孩子丧失了进取的动力……

平平这次月考得了第五名，门门都在 80 分以上，她高高兴兴地把成绩单拿给妈妈看，妈妈称赞说："很好，很好，你进步很大，妈妈真为你高兴！"平平听了也很开心。恰巧这时候，隔壁何叔叔家的女儿小颖过来玩。小颖的父亲同平平的父亲在一个单位，两家人平时关系很好，往来也比较频繁。加上平平同小颖是在同一年级（不在一个班），两家人关于孩子学习考试什么的，都能谈到一起，因此相处得就更亲密了。

平平经常同小颖一起写作业，一起玩游戏，好得同亲姐妹一样。平平妈妈见小颖过来，马上招呼她坐下，又问起了她考试的情况，小颖高兴地拿出自己的成绩单来。平平妈妈一看，门门都是90分以上，排名是全班第三。妈妈的脸色陡然一变，扭脸对着平平说："你怎么考得这么差？你看看小颖，人家总能考出好成绩，你呢，有一点小进步，就沾沾自喜的？你哪里有小颖考得好？我说你是怎么学的，你的学习条件比小颖差吗？看你这不成器的样子，回头我再教育你……”

平平的心，随着妈妈的话一直往下沉。虽然妈妈之前当着许多人的面大声责骂过平平，可是今天平平更觉得伤心不已：她从刚才的幸福和满足中一下子坠入了自卑和委屈的谷底，含着泪水回到了自己的房间。

妈妈将两个孩子的成绩拿出来比较，完全否定了平平取得的进步，让平平觉得自己是一个失败者，是一个没有能力、没有价值的人，从而导致平平产生自卑心理，给她日后的人生带来了十分不利的影响。

有些父母望子成龙心切，常喜欢对孩子提出批评或要求，有时这种批评不为孩子所接受，亲子间还因此发生争执，即使一件高兴的事，最后也会令双方不欢而散。父母的这些做法都是错误的，他们应该看到孩子的进步，不应该把孩子的成绩同他人、同理想目标作比较。即使是一个非常有勇气和自信的孩子，在父母的比较和批评面前，也会显得很无助。

专家支着：

孩子成绩偏差该怎么办？

1. 少横向比较，多纵向比较

孩子的具体情况不同，学习成绩自然也不同，因此，不能简单地将两个孩子的成绩放在一起横向比较，这样比较是不公平的，也容易给成绩相对较差的孩子造成压力和负担。判定孩子成绩的好与差，要多纵向观察和比较：看平均，看过去；看全班平均水平是多少，孩子的成绩在平均水平之上还是之下；看过去和现在成绩的对比，看现在比过去是进步了，还是退步了。只要孩子的考试成绩在全班平均水平之上，或者比过去有明显的进步，都说明孩子的考试成绩比较理想。

2. 不要苛求绝对高分

考试能得多少分，谁都说不准，父母不要给孩子下任务，定“硬指标”，“必须门门 85 分以上”“必须保证在班里排前三名”等，这些硬指标虽然有很强的激励和刺激作用，但是实现起来很难。对孩子苛求高分、高名次，反而会给孩子带来巨大的压力，一旦孩子的考试成绩达不到预期目标，父母很容易指责孩子，而孩子也会在心中留下遗憾。

3. 安慰多于嘲讽，奖励重于惩罚

父母在看到孩子的不足时，更要看到孩子的进步，并且应对这种进步表现出积极的回应。如果孩子取得进步时父母对孩子不闻不问，容易对孩子造成伤害。因为，对该受奖励而未受奖励的孩子而言，这样做等于是另一种“惩罚”，有时也会让孩子认为父母“偏心”“不公平”。

你太让我失望啦

很多时候，父母总是对自己的孩子寄予厚望，望子成龙，望女成凤。孩子取得好的学习成绩、优异的比赛结果，甚至是哪一句话说得漂亮，事情办得让人满意，都会让父母感到欣慰。可是并不是所有的孩子在每次都能表现出色，当孩子的表现不太好，或者达不到父母理想的要求时，有些父母总是不禁要说："你太让我失望啦！""你怎么能这样呢，真让我失望！"等等。父母流露出的不满和否定的话语，会深深地伤害孩子的自尊心和自信心；同时，孩子会觉得父母只关注自身的感受，却忽视孩子内心的真实情感，最后也会导致孩子对父母的"失望"。

晓民今年7岁，他的妈妈是南方人，爸爸是北方人。由于他受到南北方两种不同文化习俗的熏陶，所以从性格到习惯，都具有综合性的特点。

由于晓民的父母都是独生子女，所以，晓民是家里最受宠爱的"小宝贝"，无论是爷爷奶奶，还是外公外婆，都特别喜欢他，对他宠爱有加。

晓民也很懂事，总是很听话，在学校好好学习，在家里也知道礼貌和规矩。晓民的妈妈是研究中国古诗词的专家，因此，她也希望自己的孩子能有这方面的天赋，所以经常给他讲一些诗词方面的知识，还让他每天背诵一些比较有名的诗词。虽然自己不是特别喜欢诗词，可晓民在妈妈的坚持下，也只好硬着头皮背诵了。

这一周，妈妈让晓民背诵著名诗人李白的《将进酒》。三天后，妈妈对晓民进行测试。当时，经过妈妈反复的指点，晓民总算磕磕绊绊地背诵出来了。妈妈虽然不是很满意，但是也很高兴，并叮嘱他一定要多加练习，争取背得更通畅更流利。

周日，妈妈带着晓民到她同学金阿姨家里做客。为了表现自己的教育有方和晓民的聪明，妈妈在金阿姨面前夸口说晓民能背诵很多首诗词，简单的就不提了，就连李白的《将进酒》，晓民也能脱口而出。

金阿姨当然要听听晓民的背诵了。妈妈马上把晓民叫到跟前，要他给金阿姨背诵《将进酒》。晓民很听话地背诵了几句，接着就想不起来下面的了，妈妈赶忙提示。尽管有了妈妈的提示，晓民依然想不起来下面的诗句是什么，当时的场面很尴尬。金阿姨很柔和地说："没关系，没关系，孩子，你就是太紧张了，以后不要紧张。等你不紧张了，再给我背诵就行了。"

晓民同妈妈回到家中时，妈妈生气地对晓民说："我这么用心教你，还在金阿姨面前夸奖你多么聪明，会背诵很多的诗词，你就这样表现？今天你的表现，让我在金阿姨面前下不来台，你也太不争气了，你太让我失望了！"

妈妈指责的话语，让晓民终于忍不住了，他对妈妈大喊道："你自己喜欢诗词，就要求我也喜欢，还逼着我天天背诵，你考虑过我的感受吗？我早就不想背诵这些诗词了！"

妈妈愣住了，不知道该说什么好。此刻，母子间仿佛隔着千山万水，彼此无法靠近……

现实生活中，由于孩子同父母的经历和看问题的角度不同，兴趣和爱好也不一样，往往会同父母的意愿产生一定的偏差。也许在父母看来是很容易做到或者很不该做的事情，孩子偏偏就没有让父母满意，这也不全是孩子的过错。毕竟，每个人都是不同的，都有属于自己的成长轨迹。

即使孩子做了让父母失望的事情，父母也不可以对孩子流露出失望、否定的态度，这样会严重挫伤孩子的自信心，甚至导致孩子从此一蹶不振。因为来自父母的鼓励是孩子进步的最大动力。

专家支着：

孩子达不到父母的标准怎么办？

1. 了解孩子，标准适度，要求合理

孩子总归是孩子，他的思维水平和能力有限。许多父母在对孩子提出要求或划定标准时，往往忽略了孩子的这一局限性。过高的标准和要求往往使孩子感觉可望而不可即，孩子也往往因为达不到父母的标准而产生自卑心理，长此以往会使孩子对学习失去兴趣，甚至产生逆反心理。所以父母要去除掉攀比的心理，不要认为别的孩子能办到的事，自己的孩子也能办到，要学会尊重孩子的个体差异，从孩子自身的实际能力出发，对孩子提出要求。

2. 允许孩子犯错误

"人非圣贤，孰能无过"，大人都会犯错误，更别说是处于懵懂期的孩子了。孩子偶尔犯一些小错误，成绩上出现一些偏差，是正常的现象，作为父母不要过于敏感，更不要将孩子的错误扩大化，对孩子不依不饶地斥责。允许孩子犯错误也是帮助孩子进步的另一种途径。当孩子意识到自己的错误时，也就会从错误中吸取教训，这种教训会很深刻。

3. 帮助孩子，积极进步

父母是孩子的第一任老师，孩子的许多行为习惯、知识见解都来自于父母的影响。所以父母要担负好"老师"的责任，帮助孩子不断进步。当孩子获得进步、取得成绩时，父母一定要及时肯定，热情赞扬。当孩子由于某种原因没有达到父母的标准时，作为父母也不能不分曲直、非打即骂，要追本溯源，找到孩子失败的真正原因，帮其改正。

真没出息

父母总是对孩子寄予厚望：这个孩子将来是科学家，那个孩子将来能当大经理、大老板；这个孩子将来是部长、市长，那个孩子将来是专家学者……总之，父母都希望孩子有出息，能成大事。由于父母一贯对孩子要求严格，一旦孩子做错了某些事情，成绩考得达不到父母的预期，孩子的想法不够理想等，他们总会很失望，认为孩子不懂事，不争气，不成才，没出息……父母用“真没出息”这句话训斥孩子，会让孩子感觉很自卑，在父母和其他人面前抬不起头来，做任何事情都没有信心，最终真的“没出息”了……

“父母会”是联系家庭和学校之间很好的桥梁，学校或老师会通过父母会定期向学生家长汇报学校、班级、学生的情况。今天是每月一次的父母会，小临的父亲宋师傅和小沂的妈妈吴大夫也抽时间赶到学校来参加。

在人们的传统观念里，许多父母对这种听起来亲切的会议往往感到忐忑不安，甚至有父母认为，父母会就是老师对班上少数“差生”的批评会。现实中，这种情况也有，一般是学生犯了错误或者成绩较差时，老师让学生把父母叫来，然后老师和父母相互沟通，因此，一些父母把到学校“见老师”当作一件不光彩的事。从孩子的角度来说，“喊父母来”也被认为是一种很严厉的“惩罚”。

说句实在话，小临和小沂的学习成绩在班里算“差等生”了，排名在后10名，他们俩平时虽然不调皮捣蛋，却也因为成绩不好、听课不认真、课上爱搞小动作等，没少挨老师的批评。这次父母会本来说的是班里和学校综合的事情，并非针对某一个学生，但是宋师傅和吴大夫并不知情。

宋师傅和吴大夫到了会场后，还没等老师开口，宋师傅就来到儿子小临面前，当着老师的面没有来头地责怪道："你这孩子，真不争气，还老给我惹事，怎么这么没出息啊！"那边，吴大夫坐在女儿小沂身边，没好气地说："小沂啊，你也是大孩子了，考试成绩总也提不上去，你将来能上大学吗？一点儿也不知道羞耻，真没出息……"

宋师傅和吴大夫在一边责骂不休，两个孩子默默无语，他们此时满心愤恨，并产生了自暴自弃的想法：既然父母认为自己没出息，还不如早点退学算了……

"子女有出息"是父母的期望，有些父母仅仅因为孩子的学习成绩不好，就张口闭口总是否定性的话："你真没出息"、"你真不争气"等挖苦讽刺的责骂和指责。"没出息"是一种负面的心理暗示，只能使孩子逐渐变得自暴自弃，走向真正的"没出息"。每次参加父母会，许多父母们关心的只是孩子分数的高低，孩子考得好的父母心里乐滋滋的，孩子考得不好的，父母少不了回家后批评孩子，甚至打骂孩子，说孩子没出息，他们往往忽视了孩子考得不理想的原因。

父母们希望孩子取得高分的心情是可以理解的，因为现在中国的教育制度还是分数面前人人平等的。高考是以分数决定一切的，孩子的压力很大，父母的压力也很大！父母望子成龙心切，以致现在有一些父母在孩子成长的过程中把孩子的学习成绩看得太重，结果给孩子造成了巨大的心理压力。

现实中，孩提时愚钝、调皮、任性甚至有些顽劣，但最终成为名留青史的人物的，这样的例子有很多；幼时聪明过人、才思敏捷，长大却“泯然众人”的也不在少数。因此，不能仅仅由于孩子学习成绩一时不理想，父母就断定孩子将来“没出息”，父母不可以为了让孩子有出息而责骂孩子“没出息”。

每一个孩子都是一头狮子，只是他们还没有找到属于自己的丛林。

专家支着：

如何让孩子更有“出息”？

1. 要正面鼓励和引导孩子

美国心理学家威廉·詹姆斯发现，“人类本性中最深刻渴求的就是赞美”。其实每个人的内心世界都一样，没有一个学生不想得到老师的赞美。父母不要因为一些小事就断定孩子没有前途，没有出息。在成长的过程中，孩子必然会有无心的失误，会遇到挫折和失败，做父母的必须学会给他们以明确的正面的引导。父母的家庭教育要有效地配合学校教育，以便与学校共同教育好孩子，让孩子快乐健康地成长。因此在孩子成绩不理想时，父母应鼓励孩子养成乐观向上的学习态度，可以对孩子说“你是最棒的，可还需要再接再厉！”只有信心十足的孩子，在学习和其他方面才能精神饱满，充满激情。

2. 不要只盯着分数

成绩高低固然重要，但更重要的是如何正确地看待成绩。决定成绩的因素很多，如教育方法、孩子个体情况、家庭环境、父母素质等都是重要的因素。作为父母，当孩子成绩不理想时，父母应该帮助孩子分析成绩不理想的原因，同时帮助孩子吸取失败的教训，总结经验，这样才能让孩子在下一次的考试中取得好成绩。当然，父母也应该认识到，成绩只是代表孩子某一方面的表现，并不代表一切，教育的目的不是为了分数，只有孩子的德智体美劳均衡发展了，孩子才能更健康地成长。

孩子取得成绩时，请别说……

孩子也有虚荣心，希望自己得到更多的赞扬和关注。做父母的既要维护孩子的自信，又要引导他们的虚荣心往正确的方向发展，这样才有益他们的身心健康。所以，在孩子取得成绩时，父母一定不能这么说……

你本来就该这样做

在父母心目中，自己的孩子有时候很弱小，什么也做不成；可有时候又是完美的人，什么都应该、必须会做、能做。比如说，这天孩子把自己的脏袜子洗了，妈妈见到后会说“你本来就该自己洗嘛”。那天孩子比赛得了奖回来，爸爸会说：“你本来早就该得奖嘛。”有一道比较复杂的计算题，孩子冥思苦想，终于解答了出来，一脸兴奋和满足的孩子向父母说起此事，父母却说：“这道题目，你本来早就该解答出来的”。父母认为一切都是孩子“本来就该会”的，那孩子的努力和思考就全都被父母抹杀掉了，孩子的积极性受到打击，还怎么能有进步呢？

约翰是全家人的开心宝贝，做爸爸的老刘更是喜欢的不得了。孩子不仅聪明伶俐，而且长得十分可爱，有些像外国的洋娃娃，身为“海归”的老刘更是给孩子起了“约翰”这样一个洋名字。爸爸受西方文化影响较大，在家里喜欢讲“民主”和“自由”：有什么想法可以沟通。同时，他又强调个人独立性，不让孩子过分依赖他人。

可约翰毕竟是孩子，他喜欢别人都以他为中心的感觉，喜欢家人都疼爱他，夸奖他。所以，他总是积极表现自己，让自己做得更优秀，学习得更好。在家里，他把自己的房间整理得十分干净整洁，物品摆放得也很有规矩。他早睡早起，讲卫生，生活习惯很好。在学校，他尊敬老师，爱护同学，严格守纪，学习成绩也是在班里前 3 名之列，老师和同学也都喜欢他。

经过约翰的努力，他取得了很好的成绩，他的确是一个很不错的孩子。父母都为他高兴，可是和爸爸老刘的一次谈话，让约翰感到很伤心。那天，妈妈一边叠着约翰亲手洗过的衣服，一边同爸爸说起约翰的事情，爸爸满不在乎地说："约翰的确是个好孩子，可这有什么啊，还不是我教育有方？他一个小孩子，本来就该懂事、乖巧、学习好的……"约翰正好经过客厅，听见爸爸这么说，心里很不高兴，爸爸非但不夸奖自己，反而把功劳全揽到他自己身上，又说约翰的所作所为都是"本来就该"的，完全抹杀了约翰严格要求自己、不断进取的事实。

约翰刚想出门，爸爸见到他，马上就喊："儿子，你来得正好，你同妈妈说，我说得对不对？你取得今天的成绩有什么值得骄傲的？你现在是学习好，表现好，和同学朋友相处融洽，可你本来就该这样做的啊！爸爸一直教育你，要做一个……""听话的好孩子，要乖，要抓紧学习，是吗？我都听了100遍了。"约翰打断爸爸的话，反问爸爸。"你这孩子，我说得不对吗？""对，你说得全对，我本来就该做这做那的……"

从来没有吵过架的父子俩今天谁也不让谁，两人争论起来，妈妈在一旁十分着急，因为谁也不听她的。

每一个父母都希望自己的孩子成为一个优秀的人，无论是学习上还是生活上，父母都希望孩子能做好，让大人放心，满意。约翰的父亲老刘的错误在于说话的方式和内容都不恰当。也许他是想让孩子不要过分骄傲，不要满足于自己的成绩，但是一句"本来就该这样"，等于完全忽视了孩子自身努力的成果，要知道，"这样"来之不易啊！作为父母，看到孩子取得成绩，做得比以前更好的时候，要记得夸奖孩子："你真棒！"

专家支着：

如何引导孩子积极进取？

1. 帮孩子树立正确的责任感、荣誉感

责任感和荣誉感是激发孩子积极进取，追求进步的动力。父母要培养孩子养成对自己的行为负责的习惯，鼓励孩子勇敢地承担责任。父母可适当地让孩子独立思考和选择，大胆发表自己的见解；鼓励孩子做事情要有始有终；让孩子心中有爱，关心他人，善待他人；让孩子信守诺言，要对自己的言行负责。同时，要让孩子树立正确的荣誉感，让他明白，取得了成绩，就会得到夸奖和鼓励，如果做了错事，就会受到惩罚。孩子心中有了责任感和荣誉感，自然会知道自己应该做什么，不该做什么，自然会懂得追求进步、积极进取的重要意义了。

2. 不要吝啬夸奖、赞美之词

为了让孩子更好地坚持自己的进步表现，父母就必须懂得使用夸奖、称赞的语言。这些语言是对孩子所作所为的一种正面的肯定和认可，会让孩子得到一定程度的心里满足感和成就感。作为父母，不要吝啬自己的夸奖，更不要以为一切都无所谓，都是孩子本来应该做的。一个赞赏的眼神，一句称赞的话语，一次默许的点头，都会让孩子更努力。

3. 父母给孩子做个好榜样

有的时候，孩子喜欢向父母学习，他们通常以父母为榜样。这个时候，父母要想让孩子积极进步，取得更好的成绩，就需要自己做出一定的努力，要给孩子做好榜样，用自己的行动去激励和感染孩子。孩子以父母为榜样，以父母为荣，自然会更加积极上进，向父母学习，从而不断进步。

是不是偷看来的

父母都希望孩子拥有诚实的品格，担心自己的孩子有说谎、考试作弊等不良习惯。然而，如果父母过分担心的话，就会给孩子造成伤害。最为典型的例子就是，一个孩子平常考试成绩一般，如果他忽然在哪次考试中考得出奇的好，父母一方面会为他感到高兴，另一方面却会产生疑问：怎么回事？这是他自己完成的吗？他有没有作弊呢？父母越想就会越觉得不对劲，甚至会问孩子："你怎么考这么好，说实话，是不是你偷看别人来的？"父母这样说不仅会伤害孩子的自尊心，还会造成家庭隔阂。

向阳是一名小学生，他的学习成绩一般，非常痴迷于看球赛。他的父母怕他因为看球赛而耽误学习，平时没少批评他。

向阳的班主任许老师也曾主动找向阳谈话，说热爱运动本是一件好事情，但要注意不能因为喜欢篮球就耽误了学习。向阳不服气地说："老师，你就放心吧，虽然我喜欢篮球，但是我向你保证：这绝不会影响我的学习，我一定能像'火箭'一样，成为夺冠的黑马。"许老师听后连连说好。

一个月后，全市要进行摸底考试。期间，向阳依然是天天玩篮球，可他同样鼓足了劲头，暗下功夫刻苦学习。由于向阳是住校生，每月才能回一次家，所以父母基本不了解他在学校的情况，一直以为向阳还是很贪玩。

考试的那几天，向阳轻松上阵。考试答题时，他认真思考，细心答题，答完还仔细检查，看是否有漏答错答的。

考试结果出来后，向阳的老师和同学们都感到吃惊：向阳的成绩在全市排名第十五，在全班排名第三，与之前相比简直就是突飞猛进。许老师又特意询问了几个监考老师监考时的情况，确信这是向阳自己考出的好成绩，自然为他感到高兴。许老师还告诉向阳说他想见见向阳的父母，让他们有空时来一趟学校。

回家后，向阳给父母看了自己的成绩单，并且转达了许老师的意思。爸爸妈妈一看成绩单，甭提多开心了，孩子真的很争气，考得这么好。忽然，爸爸觉得有些不对了：向阳这孩子平时不显山不露水的，怎么一下子考这么好？会不会……对了，许老师这个时候见我们干什么，难道他知道向阳作弊了，故意没拆穿，等着家长去当面说？爸爸越想越不对劲，又看了一眼妈妈，妈妈立即会意，因为她也对向阳有所怀疑。

爸爸十分严肃地对向阳说："向阳，爸爸问你话，你要老实回答，这成绩是你自己考的吗，你是不是考试作弊、偷看了别的同学？""你们怎么能这么想？没有，绝对没有，这真是我自己的成绩。"向阳坚定地说。"孩子，咱们可不能撒谎啊，偷看别人的答案等于偷钱啊，你可不能为了拿高分，做出这样的事情。"妈妈跟着苦口婆心地说。

"你们就是不信任我是吧？你们不信，就是我抄同学的，就是我作弊了，你们，你们冤枉死我了！"向阳气呼呼地拎起书包，哭着跑出了家门。

故事中的向阳考出了好成绩，反倒遭到父母的怀疑，爸爸甚至非要逼着他承认作弊不可，这样的误会，怎能不让他伤心？

面对孩子取得的巨大进步，家长首先要充分信任孩子，不要动不动就怀疑孩子；即使孩子以前作过弊，说过谎话，也不要对孩子有成见。父母的鼓励和表扬是对孩子进步最好的奖赏，而怀疑和否定则会打击孩子的自尊心和积极性。如果家长真的觉得事情蹊跷，可以另外想办法考证、求实，对孩子说话也要委婉些、含蓄些，既要顾及孩子的颜面，又要让孩子知晓自己的隐忧。同时，父母也要给孩子说出实情的机会，不要把事情弄僵了，这样反而对彼此都不利。

专家支着：

怀疑孩子作弊，该怎么办？

1. 家长不要急于下结论，要仔细求证

当孩子取得巨大进步的时候，家长不能凭自己的感觉、猜测就怀疑孩子，而要委婉地与孩子沟通，并询问老师和同学，最后综合各种信息，做出判断。如果家长在没有求证之前说孩子作弊，进而责怪和批评他，就会伤害孩子的自尊心，造成家庭隔阂。而且，如果家长的猜测与事实不符，孩子自然就不会接受家长的批评，甚至对父母失去信任。

2. 如果孩子真的作弊了，家长要耐心教育

人非圣贤，孰能无过？如果孩子考试真的作弊了，家长要耐心地教育孩子，给孩子改过的机会。家长要让孩子懂得诚信为人、诚信做事的重要性，鼓励孩子主动向老师和同学认错，并坚决改正。此外，教育孩子要注意方法，家长绝不能粗暴地责骂，甚至责打孩子。

3. 如果家长误解了孩子，就要勇于向孩子道歉

在同孩子相处的过程中，家长出现错误的言行是难免的事情。这个时候，身为父母，一定要坦率地承认自己的错误，不要用不恰当的方法去维护自己的权威。因为孩子也需要得到尊重，更重要的是，这样家长就可以为孩子树立一个榜样，有助于培养孩子勇于承认错误的精神。这样的父母，更能赢得孩子的尊敬和理解。反之，如果家长死要面子，明知错了也不承认，这样不仅会失去孩子的尊敬，还可能让孩子形成一种错误观念：强者不必对自己的错误言行负责，弱者只能忍气吞声。这对于孩子的成长是非常不利的。

一点点进步，不值得一提

孩子们都喜欢得到别人的关注、肯定、鼓励和赞扬。在孩子看来，自己的漂亮衣服，新买的文具，都是让自己感到幸福和骄傲的理由。当孩子取得哪怕是一点点成绩时，他们都喜欢在父母和他人面前炫耀。当孩子对父母说“看，这是我自己做的××，漂亮吗？”“这次考试，我进了前十名！”等话语时，一些父母会轻描淡写地说：“一点点进步，不值得一提。”父母这种不屑一顾、毫不理会孩子感受的话语，很容易伤害孩子，让孩子从期待同父母分享成功和喜悦的兴奋中变得失望和伤感起来，孩子很可能会变得不再渴望优异的成绩，或者不愿再同父母进行沟通和交流，最终影响了孩子的成长和亲子关系。

思思是个聪明好动的小男孩，他今年才读四年级。他学习成绩还可以，就是有个缺点：字写得特别难看。有人说，一个人的人品可以从他写的字上面看出来，字是人们交流沟通的工具，它就像人们的相貌一样重要。妈妈看到思思的字写得很难看，觉得有必要让思思多用点心思，练一练字，争取把字写工整些。

思思虽然不愿意承认自己的字不好看，可还是听从了妈妈的安排，决定练一练字，也不让同学们小瞧了。

经过一段时间的临摹、练习，思思的字的确比以前工整了不少。老师在思思的日记本上还写下了“字迹较工整，有进步”的评语。思思高兴极了，拿着写有老师评语的日记给妈妈看。

妈妈看过之后，觉得思思的字确实很有进步，可为了鼓励他继续努力，继续练字，便对思思说：“啊，确实如此。不过，孩子，这是一点点的进步，不值得一提。古人写字，都是要经过很长时间练习的，你这算什么？哪有这么短的时间就满足的？你还要继续努力啊，可不能骄傲啊。”

思思本想同父母分享自己的喜悦，得到的却是父母这种无所谓的态度。“难道真的不值一提吗？”思思的内心由喜悦变成了失望。他想：写字写到现在这样的水平都很难，妈妈还要我继续努力，说什么现在是“一点点”进步，不值一提。难道是妈妈根本不在乎我的进步？还是写好字真的那么难？那什么时候才能真正写好呢？我能做到吗？

思思心中有几分忧虑，几分困惑，对自己继续练习写字的事情失去了兴趣和信心……

故事中，妈妈对思思取得进步的事情轻描淡写地评价，打击了思思继续努力的积极性，影响了他继续努力的兴趣和信心。其实，面对孩子的进步，父母可以从另外的角度来鼓励孩子，让孩子继续坚持下去。

在孩子看来，自己取得的哪怕一点点的进步都是值得炫耀的，孩子希望得到父母的称赞与肯定，这是孩子的天性。如果在孩子取得成绩时，父母从自己的角度考虑问题，认为一切无所谓，会使孩子感受不到成功的喜悦，觉得父母根本不在乎自己的进步，也就不再渴望取得好成绩了，甚至产生同父母沟通的隔阂。

对孩子而言，当他们取得成绩时，父母适当的奖励，及时的表扬都是非常有必要的。

专家支着：

怎样肯定孩子取得的成绩

1. 积极表态，同孩子分享成绩

在孩子取得成绩后，父母要表现出积极的态度，要让孩子感受到你为他取得的成绩而真心感到高兴，非常愿意同他分享取得成绩的喜悦。

2. 正确评价，鼓励为先

孩子在取得进步后，父母要给孩子正确的评价，多鼓励他，哪怕是一点点的进步，也要给他正面的评价，让他感受到自己的努力是有回报的，让他感受到父母对自己的关心和在意。父母鼓励的话语会让孩子更有成就感，孩子会更加努力，积极追求进步，从而取得更大的成绩。

3. 兑现承诺，改变错误看法

有的时候，孩子取得成绩，是为了获得父母承诺的东西，或者表现积极进取的精神。作为父母，必须在孩子取得成绩后，兑现自己先前对孩子的承诺，改变自己的偏见和错误的看法。在这一过程中，父母可以帮孩子分析他取得成绩的原因，并对孩子以后如何做、如何学习等提出合理化建议和指导。

人家比你做得更好

现实中，有些父母总是对自己的孩子吹毛求疵，希望孩子做的事情、考试的成绩可以好上加好。有些父母怎么看自己的孩子也“不顺眼”，总认为别的孩子更听话、更勇敢，而自己的孩子总是不如别人。父母的这种偏见表现为他们认为自己的孩子取得的成绩不值一提，不如他人取得的成绩好，他们会对孩子说：“你也没什么啊，人家比你做得好。”这本来是父母激励孩子的话，可在孩子听来，却觉得父母眼中只有别人，只看到别人的成功，而忽视、贬低了自己的努力，如此厚此薄彼，怎么会不让孩子伤心？

浩浩是一个十分要强的孩子，无论做什么事情，他都爱追求完美，希望做得更好。学习也是一样，只要班里有人考得比自己好，浩浩就会不服气，就会奋起直追。可毕竟能力有限，家庭学习环境也存在一定影响，尽管他处处要强，也总有不如别人的时候，毕竟每个人都有自己的优点和缺点。

浩浩身上这股不服输的劲头，在爸爸看来，有些自讨苦吃。有时候，爸爸会跟他说：“还是算了吧，你别浪费精力了，人家比你做得更好，你又何必总是逞能呢？”

起初浩浩没有在意，可时间一长，浩浩看到自己身上不如别的同学的地方仍然那么多。可不是吗，小林的体育比自己好，小美的英语还得过奖，小军的科技发明上过报纸，小文的作文发表过……尽管自己的综合素质和学习成绩也不错，还是班干部，但是同这些优秀的同学比起来，浩浩觉得自己还差得远呢。这么一想，浩浩就真的有些灰心失望了。他从此不再积极进取，开始逐渐放松起来，最后，他的学习成绩竟然迅速滑坡。这时，爸爸也心急起来，还责怪浩浩，怎么不用功读书了。

爸爸拿别的同学的长处同浩浩来比较，浩浩自然是不如别人的，尽管浩浩很好强，知道自己努力，可爸爸的“别人比你做得更好”的话语深深地伤害了孩子的自尊心，也打击了孩子的自信，使浩浩丢掉了继续努力、奋进向上的动力和决心，最终导致了他学习成绩大幅度的退步，影响了浩浩日后的健康成长和发展。

别人做得好，那是别人的事情。作为父母，既不要否认也不要羡慕别人，而是要看自己孩子的具体情况，只要现在比过去进步，只要他取得了一定的成绩，不管大小，都是应该高兴并对孩子进行鼓励的。父母如果只看到别人的成绩更多、贡献更多，而忽视甚至鄙视自己孩子的努力，将会给孩子造成心理伤害，甚至影响家庭关系。

专家支着：

当别的孩子做得更好时怎么办？

1. 不要总是拿自己的孩子同别的孩子进行比较

每个孩子都有自身的特点，父母不要总是拿别人同自己的孩子比较。父母要有良好的心态，虽然希望自己的孩子学习成绩更好，取得的成绩更大，但一味地比较成绩的高下，会给孩子造成很大的压力，让孩子总是觉得自己做得不够好，不够多，精神上总得不到鼓励，因而容易导致孩子信心不足，甚至功亏一篑。

2. 要让孩子正视自己的不足之处

每个人都有缺点和不足，都有做得不够好的地方，父母既不应否认和掩盖孩子的不足，也不应过分夸大，只看到孩子的不足。父母要让孩子知道自己的确有做得不够好的地方，这样他才能更加努力，更用心地去把事情做好。但是，父母要注意说话的方式，不要过分强调和突出孩子的不足之处，可以说“你的确做得很棒了，要是你再加把劲，就会像××一样优秀！”“孩子，你确实是进步不小，爸爸真为你感到高兴和骄傲。以后啊，要是你能在××方面改变一下，你会做得更完美！”如果父母掩盖孩子的缺点和不足，会使孩子变得骄傲自满，进而导致孩子的退步。若父母过分夸大孩子与其他人的差距，也会让孩子丧失自信，缺乏进取的精神动力。

3. 要让孩子学会为别人喝彩，也为自己加油

要让孩子拥有博大的胸襟，看到别人进步时，要真心为他人感到高兴，鼓励和祝福别人继续取得好成绩。如果孩子过分嫉妒别人，势必会形成不良的心态。同时，父母要告诉孩子，其实他也很棒，要让他多为自己加油鼓劲。只有大家都进步了，都取得了好成绩，彼此相互激励，共同向前，整个社会才会更加美好。

你只有这一样过得去

父母总是对孩子寄予厚望，希望孩子各方面都优秀，处处做得都要比别人好。他们总是教育孩子努力再努力，总是认为孩子做得还不够好。即使孩子取得了某些成绩，在他们看来也不完美，也还是可以继续进步的。有些家长经常会对孩子说“你也只有这一样过得去，其他根本不值一提”“不就才一样好些嘛，许多人想必比你强多了，你把其他科目搞上来再说吧。”“这才一门成绩好了，看把你骄傲的……”父母轻蔑的话语和无所谓的态度，会让孩子觉得很失望。自己的努力和进步遭到父母的忽视和否定，孩子自然就会丧失继续努力的进取心，最后，可能连这“一样”也落后了……

心洁一向很喜欢历史故事，她常看各种各样的历史书籍。她对历史的爱好，简直到了痴迷的程度。在所有科目中，心洁的历史成绩总是最棒的，她也经常受到历史老师的夸奖，还顺利地当上了历史课代表。受到历史课程的影响，心洁对学习充满了兴趣和信心，她别的科目的成绩也有了很大进步。

在这次期中考试中，心洁的历史成绩为 96 分，是全班最高分，她其他科目的成绩有 80 多分的，也有 70 分左右的。历史老师特地在她的历史成绩后面写了一个大大的优字，以视对她的鼓励。心洁的妈妈看到这样的一份成绩单，却不以为然，她觉得单历史成绩好，有什么用呢？妈妈对心洁说：“从成绩单来看，你只有历史一科还算过得去，其他科目根本不值一提，你就别再骄傲了……”

妈妈的话语让心洁很伤心，她的历史考了全班第一，在妈妈眼里才“算是过得去”，其他科目的成绩在妈妈看来竟然都不值一提。

故事中，心洁的历史成绩最好，是全班第一名；在妈妈看来，这是远远不够的，因为还有数学、语文、英文……都需要考好啊。妈妈否认了心洁的历史成绩，单单鼓励她努力学习其他科目，争取更大的进步。妈妈的做法，必定给心洁带来很大压力。心洁已经付出了很大努力，也取得了很大进步，然而她却没有得到妈妈的鼓励。她好不容易建立起来的学习兴趣，仅仅因为妈妈的一句话，就被打消了。

父母总是希望自己的孩子是个完美的人。希望自己的孩子特别优秀当然没有错，可是父母更应该看到孩子的长处而不是不足，要看到孩子身上所有的闪光点，要多鼓励孩子，激发他自我约束、自我提升的动力。父母要注意说话的技巧，可以换个说法，比如可以对孩子说“你样样都不错，只是这一样更好”，这就比“你只有这一样过得去”听起来好多了，孩子自然也会明白父母说话的意思，从而更容易接受父母的意见。

同时，父母不要对孩子要求过高，尽量不要用“过得去”这样带有贬低意味的话语来评价孩子。孩子需要的更多是鼓励和支持，而不是打击和否定。

专家支着：

如何面对孩子的偏科现象？

1. 说话要委婉含蓄，让孩子能接受

如果孩子的成绩仅仅某一科优秀，家长就必须坦诚地与孩子沟通，让他懂得仅仅一科成绩好是不够的，还要考虑到其他方面，让各个学科

综合发展、共同进步。父母在与孩子说话的时候，要注意语气和方式，比如可以说："你各方面的确都很优秀，不过最好的还是 ×× 这一科，其他科要能像 ×× 科一样棒，那就更好了。"父母这样委婉地告诫孩子，他一定会认真思考和接受的。如果父母生硬地指责孩子"你只有这一门过得去，其他都不行"，就会让孩子觉得自己很失败，甚至会丧失进步的信心。

2. 要给孩子更多的鼓励，尽量不要指责和埋怨

孩子也希望自己成为一个全面发展的人，可由于种种限制，他在短时间内也许无法做到。家长要看到孩子的长处，鼓励他继续努力，争取各个方面齐头并进，做一个各方面都优秀的人。这个时候，鼓励比指责和埋怨更能起到激励孩子的作用，更有利于孩子的健康成长。

3. 要教会孩子举一反三

既然孩子有一门功课是优秀的，那么他取得优异的成绩就一定有其原因和方法。家长要与孩子一起分析其中的原因，找到相关的学习方法和技巧，然后总结出适合孩子的学习方法，并针对其他科目的特点和要求，科学系统地安排孩子的学习，争取使孩子落后的科目得到提升，使他成为一个全面发展的优秀学生。

4. 要有耐心，不可急于求成

任何事情的成功，都需要一个过程，想要一蹴而就是不可能的。家长不要因为孩子暂时存在某些缺点和不足，就急于求成。因为人在过于急躁的状态下做事，很容易出差错，这样做必然会适得其反。有问题、有不足不可怕，家长要让孩子认识到自己的不足，并鼓励孩子耐心去改正它，相信孩子总会取得成功的。

与孩子发生争执时，请别说……

孩子到了一定年龄，就会与父母斗嘴，用言语为自己申辩。这其实是一种好现象，说明孩子长大了，学会维护自己的利益了。在这个过程中，他们可以逐渐地正确认识自己，认识自己与别人之间的关系，学会与他人相互理解、合作。这对于他们日后的为人处世是大有益处的。所以，在与孩子有了争执时，父母一定不能这么说……

我说不行就不行

在有些父母看来，孩子的许多想法和行为都是幼稚或错误的，作为父母，必须对孩子加以指导和纠正。于是许多父母在同孩子谈话时，到了孩子一再想要做什么事情或者坚持什么想法时，他们就会对孩子说："说不行，就不行，我懒得再跟你废话了。""这件事情根本不用商量，说不行就不行。"一口回绝孩子。父母命令式的口气，不分青红皂白的否定，都给孩子带来了巨大的负面心理影响，如果孩子正确的要求和想法得不到肯定，孩子会变得很失望，很压抑。父母没有运用充分的理由来说服孩子，仅仅凭借作为父母的权威强迫孩子接受自己的观念，孩子也会不服气，认为父母蛮不讲理，甚至会变得越来越不想同父母沟通了。

小林家在北京郊区的一个农村里，家里住的还是平房。这两年房价涨得很快，小林的父母虽然都工作稳定，收入也算可以，但还是决定先不买房子。在农村生活时间长了，小林非常羡慕那些住在楼里的亲戚、朋友。小林听说舅舅在开发区刚买了一套80多平方米的房子，就非得吵着妈妈，要去看看舅舅的新房。

一开始，妈妈以工作忙、没时间为由，拒绝了小林的要求。等到舅舅装修完新房，爸爸妈妈带着小林去了一次。这次，小林可真喜欢上舅舅的新房了，房子虽然不大，但是装修得特别漂亮，各种家具也是全新的，朝向也好，小区周围环境也美化得不错。到了该回家时，舅舅让他有时间再来，小林同舅舅再见，还有点舍不得走呢。

明天是周末，小林跑到爸爸跟前，对爸爸说：“爸爸，咱们明天到舅舅家去玩吧？”“去问你妈妈，我不管。”爸爸回答完小林，继续看他的杂志。小林又对妈妈提起了到舅舅家玩的事情，妈妈想了想说：“乖，咱们明天就在家里，别去舅舅家了，出门也不方便，路上就要几个小时，还怪麻烦人的。”“妈妈，舅舅不是欢迎我们再到他家去吗？况且，我喜欢他的新房子，那里可干净漂亮了。”“小林，妈妈说话你不都听了？去，写你的作业去。”妈妈有些不耐烦了。

“不嘛，我要去，我就要去舅舅家玩。”小林有些撒娇、有些磨人地说。妈妈真的生气了，她对小林吼到：“你舅舅家就那么好？你乖乖在家里待着，明天不许出门，我说不行就不行！”被妈妈这么一骂，小林吓得再也不敢说话了，他跑回了自己的房间，伤心地大哭起来……

小林妈妈对小林狠狠地责骂，完全不顾及孩子的自尊心和感受，“我说不行就不行”，妈妈用权威强迫小林听话，小林自然只能把所有的委屈都往肚子里咽了。

一些父母总认为，孩子没有一点怕父母的劲，那还得了？当父母与孩子发生争执时，父母必须有绝对的权威和能力让孩子听话。可是，如果父母对孩子叱责过多、管束过于严厉，不但会束缚孩子的想法和行为，也会扼杀其心灵的纯真和自信。有时候，一味地拒绝或约束孩子，可能会引起孩子的反感。时间一长，孩子有可能对父母的管束和叱责置之不理，口头上不反抗，内心却不服，产生“你越骂我越要做，你越不喜欢，我越要做”的心理，严重者，甚至产生憎恨父母的心理，那是十分危险和可悲的。

当孩子的意见与父母的意见相左时，父母简单而粗暴的责骂、限制、拒绝，都不能让孩子真心接受，只会使孩子感到委屈，感到冤枉，或者感到父母蛮不讲理。父母对孩子斥责、拒绝的目的其实就是要让孩子认识到自己的问题，理解父母反对自己的原因何在。一味地责备孩子只会伤害孩子的自尊心，引起相反的效果。

聪明的父母懂得多倾听和尊重孩子的意见，因为他们知道，这样做不但不会损害父母的形象和地位，反而会让孩子对自己更亲近，更敬重。

专家支着：

如何拒绝孩子的错误要求和想法？

1. 与孩子平等对话

做父母的一般都认为：只要孩子错了，父母就可以任意地管教、责骂孩子，让他听话，这是天经地义的事情；况且，孩子尚未成人，还未形成独立的人格。其实，这种想法是极端错误的。孩子虽然小，也是有其人格和自尊心的。忽视孩子的感受，一味地强迫孩子接受父母的观点和要求，孩子是不会乖乖地听话的，甚至可能产生逆反心理。父母必须承认孩子的人格并且尊重他们的人格，与孩子平等对话，耐心说服他们，因为叱责和责备不会让孩子虚心接受父母的观点。

2. 必须让孩子知道自己错在哪里

父母教育孩子不能仅仅说孩子错了，还要让孩子知道自己错在何处。只有让孩子明白了父母反对自己的原因是什么，明白自己的错误在哪里并且有所醒悟，孩子才能真正理解父母，听从父母的教育。同时，需要强调的是，父母也应该首先了解孩子的心理，理解孩子的心情，弄清事情的原委，再做出自己的判断。否则，若父母的理由不充分，对孩子心存偏见和误解，就不能说清楚反对孩子的理由，根本无法让孩子信服。

3. 注意态度明确，语言不要偏激

对孩子提出的要求和想法，父母要态度明确、立场鲜明。反对就是反对，赞成就是赞成，不能让孩子误会。在同孩子辩理和对孩子进行说服教育时，父母要冷静而又热情，不使用偏激的语言，字字句句都要说在一个“理”字上。父母只有这样做才可以使孩子感到亲切，感到爸爸妈妈是在同自己讲道理而不是下命令。父母要让孩子理解自己的心思：父母之所以这样苦口婆心地反对自己，是因为想教育自己学好，教育自己做事做人，完全是为了自己着想。这样孩子就会乐于接受父母的建议和要求。

你还敢犟嘴

如今的孩子越来越不好管，有些被大人娇惯久了的独生子女更是如此。青春期的孩子叛逆，有自己的想法，有时也比较固执，他们往往听不进去别人的话，我行我素。大人同他讲道理，他要不振振有词，要不就胡搅蛮缠，反正绝不认错，不服气。父母无奈之下只好骂道："你还敢犟嘴？你怎么还不承认错误！""气死我了，这么不听话，竟然同大人犟嘴，这以后还管得了你？"父母的严厉和愤怒如果让孩子感到畏惧，孩子有可能会表面屈从，但内心觉得父母霸道无理，不会真的信服父母，这会给亲子间日后的矛盾留下隐患。

爸爸对斌斌充满了期望。"孩子，一定要努力学习啊，可不能像爸爸妈妈这样辛苦地赚钱了，等你长大了，一定要考个重点大学，让我们跟着高兴。"爸爸总是这样教育斌斌，希望斌斌能给家里争光。

斌斌毕竟是7岁的孩子了，他也有自己的想法和性格。孩子除了受家庭环境的影响外，也会受到朋友同学的影响。斌斌有一位姓黎的女同学，父母都是机关干部，家里经济条件很好。这位同学在班里总是最显眼的，她的衣服都是亲戚从广州买来的国际流行款，一般到两年后内地才流行；她的文具书包等也是名牌产品，一个书包就价值500多元。平时上下课，她都有父母轿车接送。这位同学的情况，让许多人都羡慕不已。

斌斌虽然学习刻苦，成绩在班里也不错，但是他没有黎姓同学那样的风光，他感到很困惑，心里有些不平衡。回到家里，妈妈和爸爸辛苦了一天，他们买菜刚刚回来，妈妈就忙着做饭去了；爸爸忙着算账，数着一堆的零钱，他一抬头，忽然看见斌斌在一堆作业前面发愣，便生气了。“斌斌，你怎么不抓时间写作业呢？要是考不上大学，将来就没有出息了！”

“爸爸，为什么我这么命苦呢？我想要的东西都没有，要是我生在像我同学小黎那样的家里该有多好！”“你嫌老爸没本事了？我们养你这么大容易吗？”

“你们就是没本事嘛，我什么都没有，没有新衣服，没有好看的鞋子。”

“你居然敢犟嘴？看我不收拾你！”操劳了一天的爸爸火气上来了，说着就要抡起拳头来打斌斌，妈妈看见赶紧跑过来拉开了他们。

“今天这是怎么了，你们父子有什么深仇大恨？哪里不对付？”妈妈责怪着，狠狠地瞪了爸爸一眼。

爸爸还在那里生气，觉得孩子犟嘴太气人了，自己今天很没面子；斌斌委屈地哭着，觉得爸爸不仅没本事，还不爱自己，就知道骂人打人的。

后来，父子间的话越来越少了……

故事中，斌斌“犟嘴”，指出爸爸妈妈没有本事，爸爸当然很生气，认为孩子不服教导，不尊重大人。孩子爱慕虚荣，指责父母的话当然有其不对的地方。可是，孩子说的话有些也的确是事实，大人也应该思考一下自身的问题，同样是孩子，生活在同一个校园中，孩子自然不知道同学之间为什么有那么大的差距，自然要怪罪父母，谁不想有好的生活和学习条件呢？

此时，父母不要因为自己“伤了面子”，就靠简单的打骂训斥来教育孩子，粗暴地对待孩子的“犟嘴”。因为训斥打骂，给亲子双方带来的只是更多的误解和更深的隔阂。遭到父母的责骂后，孩子通常都会觉得父母霸道、蛮不讲理，都不愿与大人继续交流，造成亲子间感情淡化，关系变僵，从而影响正常的家庭关系。

专家支着：

孩子爱犟嘴该怎么办？

1. 保持理性和克制，不要轻易发火

对待犟嘴的孩子，父母千万不能“针锋相对”，企图把孩子的“气焰”给硬压下去。你越压，他就会越任性和反抗，同你“较劲”。父母要心平气和地同孩子沟通交流，对孩子进行批评、劝说、引导时，需要有耐心、有理智、有自我克制能力。发火不能从根本上解决问题，只会让问题更严重。

2. 多谅解孩子，告诉孩子要懂得尊重大人

孩子毕竟是孩子，他们还有许多地方做事欠妥当：经验不足，想法不够成熟，自我约束能力不够。孩子需要父母给自己提出指导、意见、要求。因此，父母要胸襟宽些，多谅解孩子，不要与孩子计较太多。此外，要减少孩子犟嘴的现象，父母一定要教育孩子尊重自己，从感情上给孩子讲道理，让他们明白父母为了子女付出很多，作为孩子，应该懂得尊重自己的父母，对父母心存感恩。同时父母也要尊重孩子，同孩子之间有事情要沟通时，父母要能心平气和地与孩子对话。父母不能因为自己的身份就对孩子颐指气使，以命令的口吻同孩子对话。

3. 分析孩子犟嘴的原因，以理服人

孩子犟嘴也不一定都是孩子的错，有时候孩子是“犟”得有道理的。孩子“犟嘴”有各种不同的情况，其中的原因是多方面的，父母一定要

从自身多找原因：可能是因为孩子对自己的行为缺乏正确的认识；或者是孩子为澄清事实而进行的“自我辩白”；可能是由于父母没有威信，父母要求孩子做的，自己并没有首先做到；或是孩子知道自己错了，可又怕承认错误；或是孩子的“逆反心理”；或是孩子有一种强烈的“成人感”，不乐于听父母的“数落，”等等。当然，“无理辩三分”的孩子也是有的，但毕竟是个别情况。父母应当分析孩子“犟嘴”的原因，看孩子所“犟”的内容对不对，找准问题的“症结”，对孩子进行有针对性的说服和教育，令孩子真正地口服心服。

你再说一句试试

父母在对孩子进行批评教育的时候，如果孩子并不服从父母的管束，也不听从父母的批评教育，甚至为自己解释或者开脱，或者继续顶嘴：你说一句，孩子说两句、十句。这种情况，通常会给父母造成难堪，让父母觉得下不来台。一些父母就会心生不满，或者会怒不可遏，甚至大发雷霆："你再说一句试试，看我怎么收拾你！"父母对孩子"最后通牒式"的威胁，会让孩子的反抗情绪增强，如果孩子是在压力下暂时住嘴，他的内心一定不会服从父母；如果孩子继续顶嘴辩白，父母一定会为了维护面子和尊严而大骂孩子，甚至对孩子暴力相加，这势必引起一场亲子间不必要的激烈冲突……

单良上二年级，在学校，他虽然没什么特别突出的地方，但是平时遵守纪律，关心同学，尊敬老师，乐于助人，是个不错的孩子。

这天，妈妈带着单良到商场给他买衣服，她们路过天桥时，发现那里有两个乞丐在讨钱。一个是小男孩，年龄也就只有五六岁的样子，衣服破烂单薄，仿佛是眼睛失明。那个老人估计应该有60岁，也是衣着破烂。小男孩跪在一条破麻袋上，前面放着一个茶缸，里面有些硬币和几毛钱的纸币。那老人伏卧在一边，每当有人路过时，总会伸出手说声谢谢。

单良看着这两个乞丐有些可怜，便拽了拽妈妈的衣角，意思是让妈妈给些钱帮帮他们。妈妈看了看说："单良，这种人天底下多了去了，我们帮得过来吗？再说，现在骗子这么多，谁知道他们是不是假的？""什么是骗子呢？我看他们真可怜，咱们就帮帮他们吧。”单纯的单良哀求着妈妈。妈妈生气地说：“骗子就是专门骗小孩子钱的人。你懂什么，你看他们可怜说不定是装的！你可怜他们，谁可怜咱们？我们的楼房还要交月供，你还要花那么多钱上学、生活的！”“可是，您和爸爸不是教我做人要善良，有爱心，多关心和帮助别人吗？”这时，有人匆匆走过，丢下来一张10元的“大钞票”。乞丐老人马上藏起来，连忙说着“谢谢，谢谢”。

妈妈让孩子接连的顶嘴气恼了，她对单良大声喊道：“我说不给就不给，你再说一句试试，看我今天连衣服也不给你买了！”小单良不敢再说话了，无奈地跟妈妈走了，下天桥时，他还朝那两个可怜的乞丐看了看，心里酸酸的，痛痛的……

父母总是要树立自己在孩子面前的权威，要孩子绝对地听话，服从自己。当孩子与大人发生争执，孩子又不服气地一句句为自己辩解、说理时，若是孩子果真说中了父母的短处，让父母感觉到很没有面子（被自己的孩子说服，自然会心生不满），此时，心情烦躁、自觉理亏的父母通常会利用自己身为父母的地位强迫孩子闭嘴住口，甚至大发雷霆，威胁要对孩子施以惩罚，这都是不明智的做法。父母的威胁恐吓，虽然暂时可以让孩子因为惧怕而不敢再说话，但是问题没有从根本上解决，孩子还是会在心里不服气的。这种不服气长期积压在孩子心中，一定有爆发的一天，可等到爆发时，一切都晚了。如果父母粗暴地制止孩子的辩白，就会让孩子觉得父母不可理喻，蛮不讲理，进而影响亲子关系，不利于孩子的健康成长。

专家支着：

孩子总是不服管束怎么办？

1. 耐心说服教育

面对顽皮不听话的孩子，父母既不能打骂，也不要着急。父母要冷静地思考孩子不听话的原因，耐心地对孩子进行说服教育。因为现实中，每个人都要同其他人和环境产生不同的关系，都不能无所顾忌，都要考虑其他人的感受，所以父母要让孩子懂得纪律和服从，懂得尊重他人，遵守社会秩序和规范。

2. 父母要更多地反思自身的不当之处

孩子不服从大人管教的原因有很多，父母不能不分青红皂白就只顾自己的面子而责骂孩子。如果孩子不服从管教，是因为错了反而死不认账，父母可以严厉地批评教育他，让他知道承认错误、知错就改的重要性；如果是因为父母错怪了孩子，给孩子带来了心理上的伤害，父母就要真诚地向孩子道歉，承认自己的不是。如果孩子不服从管教就是为了同大人唱反调，别无任何理由，面对这样的孩子，父母要深刻地反思一下，看问题到底出在哪里，然后再有针对性地解决。

3. 对孩子进行必要的惩罚

如果孩子实在是调皮，父母怎么说也不行，怎么做也没用，面对这种情况，父母只能放弃说服教育，适当采取一定的惩罚措施，比如限制他某些不合理的活动，没收他影响学习的物品，甚至拒绝他同一些“坏朋友”的往来等。当然，这些措施都是以保护孩子为前提的，不能出现暴力惩罚，对孩子的惩罚也不能过分。适当的惩罚可以让孩子在挫折面前理解父母的用心，认识到自己的错误。只要孩子真心改正错误，服从了父母的正当管教，这些惩罚措施就要马上取消，不能扩大化，也不能无限延期。

你还有理

有时候，父母在教育子女的时候，由于种种原因，孩子非但不服父母的管教和说辞，反而讲出一番自己的大道理来，反过来为自己解释，对父母进行反驳。不少父母由于本来就在气头上，加上孩子的辩解甚至反过来对父母进行指责，这让他们无法忍受。有的父母在孩子"讲理"后，一时间不知道说些什么或者由于过度气愤，会指着孩子说："难道你还有理了不成？""我才说一句，你就说了这么多，难道你以为你有理了？"父母不认可、打断孩子的辩解，便失去了很好的同孩子沟通交流真实想法的机会，也给孩子留下了父母蛮不讲理、霸道的坏印象。

这天下午，雪儿放学回来得早，爸爸妈妈还没有下班，只有奶奶在家里，奶奶很喜欢雪儿这个小孙女。

雪儿觉得奶奶很疼爱自己，有什么事情也喜欢跟奶奶讲。当奶奶得知雪儿的同桌因为有一个漂亮的文具盒而故意炫耀，让雪儿很是羡慕时，心疼孙女的奶奶便掏出50元钱给雪儿，让雪儿也去买一个回来。

雪儿高兴地拿着钱，刚一出门，就碰到了下班回家的妈妈。妈妈问："雪儿，你去哪里？怎么这么高兴？""我去买个文具盒，看，奶奶给了我50元钱，我就……"

妈妈一听雪儿拿了奶奶的钱，就有些生气地说："我不是说过，不许跟奶奶要钱花嘛。你怎么不听话，快，把钱给奶奶还回去！"

"我不还，这是奶奶给我买文具盒的。"

妈妈一听雪儿这样说，真的是气坏了：“你还有理了？你拿了奶奶的钱，现在还不知道错？奶奶这么大年纪了，她攒钱容易吗？我给不给你钱，这是两回事。啊，你这个不争气的孩子，让我多伤心啊！”……

雪儿一时间羡慕同学的文具盒，回家跟奶奶说起，奶奶是因为疼爱雪儿才拿钱给雪儿的。虽然雪儿拿奶奶的钱是有些不对，但是妈妈那样不听孩子的解释，不考虑雪儿的心情，严厉地责骂雪儿也是不对的。

现实生活中，父母在同子女发生争执后，要懂得倾听孩子所说的话，尊重孩子，给孩子解释原因的机会。孩子有孩子的心理特点和性格，他们有他们的想法，做事情想问题自然有不同于大人的考虑，这就是孩子的道理。父母同孩子就某个问题或者事情产生了异议时，父母要懂得尊重孩子，让孩子表达出自己的真实想法和观点，不能因为自己是大人，因为孩子的想法同自己不一样，就责骂孩子，认为孩子是“无理”的，是狡辩，等等。父母不能只从自己的角度来看待问题，而忽视了孩子的感受。

当孩子在阐述自己的想法和观点时，父母不要随意打断，只想着自己的面子而忽视了孩子的感受。只有听孩子讲完他的话，父母才能了解到孩子的真实想法，掌握孩子的真实意图，才能有针对性地对孩子进行教育。父母要从孩子的话语中分析出孩子说话内容的真伪对错，如果是大人错了，就要勇于承认错误；如果确实是孩子错了，父母正好可以找到孩子错误的根源，然后对症下药，解决问题，结束争端，消除孩子心中的顾虑和担忧。如果一味地否定孩子，而不告诉他错误在哪里，危险在哪里，也不利于解决问题。

专家支着：

孩子拒不认错怎么办？

1. 循序渐进，给孩子主动认错的机会

孩子做错事的时候，父母首先要弄清孩子做错的原因，然后再去问孩子，不要性急，非得让孩子立即表示屈从。父母可以先轻描淡写地与孩子讨论一下，看看孩子的反映，然后再采取说教、讲道理的方法。如果孩子反应强烈、拒不认错的话，父母还是不要强迫孩子认错服软，最好先静下来想一想，同时也让孩子想一想，给孩子一个空间，让他能主动认错。

2. 耐心交流，切记粗暴

有时候孩子可能已经意识到自己犯了错误，也想承认和改正，如果父母的态度过于粗暴，让孩子觉得“没面子”，得不到应有的尊重，孩子自然会表现出很强硬的态度。出现这样的情况，父母首先要反思自己的态度是否伤害到了孩子的自尊心，然后耐心地和孩子交流，任何粗暴的行为都会让事情变得更糟。如果孩子通情达理，父母就可以和他讲道理，可以让他争辩，但大人要有充分的理由，辩驳得他哑口无言，理屈词穷，这样孩子自然而然只能认错了。

3. 小施惩罚，轻重有度

如果确实是孩子错了，父母同孩子讲道理，他不听；摆事实，他还是狡辩、顽抗到底，父母可以适当采取一定的措施来惩罚他，比如罚他一段时间不可以玩最喜爱的玩具，不可以看最喜欢的动画片，等等。这样，他本来就错了，经过父母小小的惩罚后，他自然会低头认错的。需要提醒的是，对孩子的惩罚要适度，以孩子可以接受，又不会伤害到孩子的自尊心和安全等为原则。

你懂什么

“你懂什么？”这是许多父母常挂在嘴边的一句话。在父母看来，自己的孩子还小，虽然他们有自己的想法，但总归是小孩子，他们许多时候还无法辨别真伪好坏。父母总是从大人的角度去思考、看待孩子的问题,他们会觉得小孩子能懂什么呢？还不是要全听大人的？有时候，当孩子正想说什么或做什么时，有的父母会说：“你懂什么？你知道什么啊，小小年纪？”“你呀，还是别跟着瞎操心了，起什么哄，你能懂什么？”一副完全不相信孩子、对孩子的想法不屑一顾的样子。如果父母总是这样否定和打击孩子，就会让孩子失去自信，变得没有主见，甚至丧失主动思考、探索的兴趣和勇气。

晨晨今年9岁了，她无论遇到什么事情，总喜欢找家人询问，从来都不会自己想办法解决。现在她已经是一名读二年级的小学生了，可仍然是事事缺乏主见，干什么事情都缺乏自信和勇气。

可四五岁的时候，晨晨并不是这个样子的。那时她总是会冒出许多奇怪的想法，对一些事情也能提出自己的意见，可在父母看来，晨晨的这些想法都是不切实际、幼稚可笑的。每次晨晨对家里的事情提出自己的看法时，爸爸都会说“你懂什么，家里的事情大人说了算”；晨晨想教妈妈唱歌时，妈妈说“我还用你教？刚学了几句，你懂什么，还来教我唱？”晨晨把自己精心设计的小发明摆在爸爸妈妈面前时，他们说：“你懂什么呀，小小年纪还搞什么研究发明？这东西也叫发明？”……

晨晨的父母经过反思之后终于明白，正是由于他们一次次地对孩子说

"你懂什么"，才让孩子走到今天这种地步的。一次次被父母否定，晨晨怎么能有自信，怎么会独立思考问题呢？

现实中，父母千万不要对孩子说"你懂什么"之类的话。或许，你认为这只是一句很平常的话，殊不知，这句话会严重地伤害孩子的自尊心和自信心。

同样是上二年级的王唯就不同了。他说的话、提出的想法和要求，总会得到父母的认可和支持，他做事情也很有主见，很有自己的想法。

王唯的性格是在父母多年的教育和影响下逐渐形成的。小学一年级时，王唯的学校开设了英语课程，小朋友们开始学习英文字母和简单的单词。两个月后，王唯就掌握了英文字母的发音，并且能正确拼写30多个单词了。

爸爸妈妈都是工厂里的工人，根本没有学过英语，自然为王唯的成绩感到骄傲。每当王唯提出给爸爸妈妈讲英语，说某个物品的英文名称时，爸爸妈妈从来都是表示支持和赞赏。王唯的父母从来不会对他说"你懂什么，不用你来教我"之类的话。王唯找到了自己在家庭中的优势，感到家人都需要自己，尊重自己，就更愿意同家人在一起说话了。有一次，爸爸还郑重其事地对全家宣布说："王唯是我们家里的英语权威，爸爸妈妈特聘请王唯为全家学习英语的老师！"

王唯听了爸爸的话大为振奋，高兴得手舞足蹈。妈妈又趁机告诉王唯说："当老师责任重大，你自己首先要弄通弄懂了，才可以教学生的，不可以弄错呀！"王唯使劲点了点头，此后，他学习就更加刻苦、更加用心了。这样，他每次英语考试几乎都能得满分，无论是班上的同学还是家里人都会经常向他请教。

正是父母的支持与信任，尊重和理解，给了王唯无限的力量和信心，才让他有了今天的成绩。

专家支着：

孩子老是有自己的一套想法该怎么办？

1. 学会倾听

聪明的父母在教育孩子的过程中懂得多鼓励孩子，给孩子自信和力量。因而学会倾听，尊重孩子的意见和想法是非常重要的。如今的孩子都特别聪明，他们对很多事情和问题都有自己的看法，有时候甚至比大人的见解还高明。大人要认真地去倾听孩子的想法，用心思考分析，然后再做出自己的判断。如果孩子的意见正确，父母就应虚心接纳；如果不正确，父母就要告诉孩子他错在哪里。

2. 让孩子独立思考、自主选择

孩子最终还是要长大，要自己面对各种事情，处理各种复杂的问题。父母要想让自己的孩子在未来的竞争中站稳脚跟，勇敢地面对各种问题和困难，就必须从小培养孩子的独立个性，激发孩子的潜能。父母要为孩子营造宽松的家庭氛围，让孩子自由地表达意见，独立地思考、自主选择，而不要过分干涉孩子的事情，这样孩子才能更好地成长起来。

3. 给孩子建设性的意见和指导

当父母让孩子独立思考、自由选择时，也要适当地给孩子一些指导和建议。毕竟孩子还小，由于年龄和经验的限制，他们考虑问题难免有不周全的时候。父母可以帮孩子分析问题，给孩子一些自己的参考意见。需要强调的是，对于孩子自己的事情，父母还是应该把决定权留给孩子，让孩子自己判断和选择。

向孩子提要求时，请别说……

不管多大的孩子都有自己的意愿和喜好。因此，父母在向孩子提要求时，孩子如果不愿意接受就可能产生抵触情绪，从而把关系弄僵。为了让孩子愉快地接受父母的建议，在向孩子提要求时，父母一定不能这么说……

我怎么说，你就怎么做

现在的许多父母，都喜欢过问和包办孩子的一切事情，以为自己比孩子见多识广、经验丰富，以为自己这是为了孩子好。父母会把所有的事情安排好，却从来没有考虑过要征求孩子的意见，他们把自己的愿望当成孩子的愿望，孩子只剩下服从的分儿。父母向孩子提出自己的想法和要求时，总会说“你必须怎么怎么样，你应该怎么怎么样。”如果孩子对父母的要求提出异议时，父母就会命令般地说：“我怎么说，你就怎么做，不要再有别的想法了。”这样，就会造成孩子做事情没有自己的想法，缺乏主见，不会动脑思考，不能独立处事，最终对孩子的人际交往和个人发展产生不利的影响。

辉辉是个懂事的孩子，他从来都是在父母的安排下生活学习，因而他的生活可以说是井井有条，也可以说是一成不变。

在辉辉4岁的时候，辉辉的小表弟来他家里做客，看上了辉辉的小汽车，那种汽车辉辉有好多辆，而且大都玩够了。当表弟提出要向哥哥讨要汽车时，辉辉想都没想就答应了。妈妈却过来拦了一下，说：“不行，弟弟还小，不适合玩这样的玩具。”“可是弟弟喜欢啊！”辉辉不解地说。妈妈说：“我就是不同意给弟弟玩，他这么小，弄坏了怎么办？我怎么说，你就怎么做好了。”辉辉愣了愣，没有再坚持。7岁那年，某电影公司要找几个小男孩做群众演员，负责人找到辉辉所在的班级，想找辉辉等几个同学出演。辉辉觉得演电影很好玩，便同意了。

他高兴地回家跟妈妈说起此事，妈妈却语气坚定地说：“不行，你不能去演电影。这样会耽误你的学习的。”“可我能演电影，多好玩啊，我一下子不就成了明星了？”辉辉坚持要去。“你这孩子怎么回事，我说不行就不行，你成了小明星，就更影响学业了。你就按我说的做吧，不要再胡思乱想了。”

8岁那年，辉辉想学习航模，参加少年航模比赛，妈妈又告诉辉辉：“要参加可以，不过，要全听我的安排！我怎么说，你就怎么做。”

就这样，一次次类似的事情不断发生，辉辉也一天天地长大。期间辉辉经历的大小事情，几乎全都是由父母包办，或者是在妈妈的指挥和安排下完成的。在妈妈看来，辉辉非常听话，非常配合：无论什么事情，辉辉都会事先告诉父母，征求父母的意见，父母同意了，他便去做；父母不同意，他就放弃。

小学如此，到了初中，他听从父母安排的习惯依旧。如学校要进行体育比赛，辉辉跳高成绩不错，班长让辉辉也参加，但是爸爸不同意，辉辉就放弃参加了。学校组织学生到贫困山区去慰问同年级的孩子，辉辉本来想去，可是父母不同意，他就没有去。这样的事情还有很多，总之，辉辉在父母的调教下特别顺从。

到了高中，辉辉的问题越来越明显。辉辉不知道穿什么衣服、鞋子去上学；不知道该不该和同学一起打球；爸妈不在家，他不知道吃什么饭好。辉辉逐渐变得没有思想，没有主见，仅仅是在父母设计安排好的程序下生活，仿佛是父母手中的木偶。

父母总是喜欢听话、顺从的孩子，为了孩子的幸福，有些父母恨不得能代替孩子做任何事情，他们却不知道如何去倾听孩子的意见，其实这样对孩子的发展很不利。时间一长，孩子变成了父母手中的木偶，亲子间的沟通产生了障碍和隔阂。其实，作为父母，要给孩子决定自己事情的机会和权利，若是事情都由父母安排好了，孩子会对父母产生依赖心理，就会缺乏自己动脑思考问题的能力，逐渐变得迟钝和麻木，变成毫无独立性和独立思考能力的个体，从精神上、思想上变成了父母的附庸。

尊重孩子，关心孩子，除了在物质生活上满足孩子的要求，提供给孩子好的学习环境和条件外，更重要的就是要尊重孩子的意见。在孩子表达自己的想法，或者父母向孩子提要求时，父母要对孩子的意见和想法充分尊重，而不是简单地认可或者直接否定。大人不能用自己的经验来替代孩子思考，不能用成人的模式禁锢孩子的发展。

为了孩子的美好未来，为了孩子能自主决断，独立解决问题，父母就要放弃“父母安排好一切，让孩子只懂得听从”的想法，给孩子更多的自由和空间，让孩子学会自己安排自己的时间和活动，如在学习、锻炼、交友、个人兴趣、金钱问题等方面，父母都要充分尊重、思考孩子的意见，给他们以适当的引导和教育。只有让孩子学会自己独立思考和处理问题，孩子才能成为自立自强、动手动脑能力强的人，才能更好地立身于社会。

专家支着：

如何培养孩子的自我抉择能力？

1. 大胆放手

父母对孩子不要事事亲为，处处规定安排好一切，如果孩子做一个只懂得执行和遵守的人，那么孩子的自主性就永远培养不出来。日常生活中，父母要本着“大人放手，孩子动手”的原则，培养孩子的自主能力，无论是孩子的生活、学习，还是交往等问题上，父母都要给孩子自己动手动脑的机会。

2. 让孩子自己去克服困难

在遇到问题的时候，父母要给孩子创造适当的条件，让孩子更有信心，能够正确地思考和决断，从而取得成功。同时，父母有必要给孩子达成自己的想法和目标设置一定的困难，要让孩子懂得任何成功都是要付出努力的，都是来之不易的，面对问题和挫折，孩子必须去想办法克服，锻炼自己的能力和胆识，才能获得最后的成功。

3. 给孩子选择放弃的权利

选择放弃也是一种选择。面对自己不愿做、不能做的事情，孩子可以选择放弃。父母不要过分干涉孩子的这种选择，不能盲目责怪、嘲讽孩子，也不要简单地告诉孩子答案，直接代替孩子做出决定。懂得选择放弃，也是孩子拥有自主选择权利的表现。

你一定不能像 XXX 那样

每个人都有自己的缺点和不足，作为父母，肯定都不希望在别的孩子身上表现出的缺点，也让自己的孩子沾染了。于是，当看到别的孩子表现出一些不好的言行举止时，或者做了某些错事时，父母总是不忘去教育自己的孩子："看他，多不好。你一定不能像 ××× 那样啊！"或者"他可是个坏孩子，你一定不能像他那样，要不然，爸爸妈妈会伤心的！"等等。父母对孩子说："你不要像 ××× 那样"，意思大多是说不要学那人的缺点，但孩子会错误地认为那人根本就是坏人，要疏远他。长此以往，孩子会变得喜欢计较和挑剔，甚至形成孤僻、刻薄的性格。

任芳和湘灵是小学同班同学，她们的妈妈又是大学同学，所以，两家相处得特别融洽，经常互相走动，有什么事情，也都一起去做。

有一次两家约好，一起到游泳馆去游泳，任芳和湘灵可高兴了。起初，任芳和湘灵是都带着救生圈的，因为她们的水性还不是太好，仅仅能做简单的凫水动作。过了一会儿，任芳觉得自己会游泳了，加上带着这个救生圈也施展不开，她就把救生圈扔在一边，劝湘灵也这样。湘灵胆子小，她不敢摘下救生圈。在一旁边玩水、边聊天的两个妈妈看到后，任芳妈妈赶忙喊任芳："芳芳，你不能摘下救生圈，这样太危险了，快给我回来！""没事，我会游泳了。"任芳很自信地说。刚说完，任芳不小心脚下一滑，头都沉到了水下面，幸好一边有别的大人，及时把她拖住，任芳呛了几口水，妈妈和湘灵等人都被吓坏了。

任芳却笑了笑说："想学游泳，哪儿有不喝水的！"妈妈埋怨着任芳，再也不让她走远了。

等湘灵同妈妈回到家里，妈妈语重心长地对湘灵说："灵灵，你看到了吧，不听大人的话，自己乱跑，是多危险的事情。今天，任芳的事情证明了一点，妈妈都是为你们好，你可要听话，一定不能像任芳那样，要不然妈妈多伤心啊！"湘灵听后认真地点了点头。

从此后，湘灵认为任芳是个不听话的孩子，妈妈不喜欢自己同任芳这种孩子在一起，她就渐渐疏远了任芳。任芳起初不知道怎么回事，后来，她逼着湘灵说出了原因。任芳伤心地回家告诉了妈妈湘灵和自己说的话，妈妈也觉得自己的这位同学——湘灵妈妈也太过分了，怎么能说自己的任芳是坏孩子呢？

就这样，两个家庭由此变得疏远了，孩子们不再往来了。任芳很快有了新的朋友，因为她开朗热情，性格随和而又勇敢；而湘灵的朋友越来越少，同她相处过的孩子都这样评价她：太小气，爱挑朋友的毛病，要求朋友完美，可她自己呢？总是看不到自己的缺点。

看到湘灵的朋友越来越少，妈妈也很难过。可是为什么呢？她一直弄不明白。

孩子虽然有了一定的思维能力，但在许多事情上缺乏判断力，孩子对外界事物的评价好与坏，多半受周围人的影响，尤其是受父母的影响较大。

父母在教育孩子的时候，要注意说话的内容和方式，当看到某些孩子有错误的行为或言语时，父母要告诉孩子那些孩子的言行是错误的，并且告诉孩子错在哪里，又有哪些需要注意和借鉴的地方，而不是简单地告诉孩子不要像 ××× 学。孩子只有明白了父母的用意，并且能自己体会到了，自然也就可以放心了。

专家支着：

孩子性格孤僻怎么办？

1. 培养孩子与他人交往的能力

父母要从礼貌、交谈、合作、助人和仪表修饰等方面对孩子进行指导，教育孩子礼貌待人，面带微笑，主动与别人问好，用商量的口气和态度与人说话，生活中正确地使用礼貌用语；教育孩子主动热情地把自己的玩具给小伙伴玩，相互拉拉手表示友好；教育孩子要时常帮助别人，培养孩子的同情心，对别人的正当请求和困难提供帮助，从而获得伙伴的喜爱，以结交更多的朋友；教育孩子要整洁大方，增强孩子的自信心。

2. 为孩子创造一个合群性格的最佳场所

在节日或孩子放假的时候，邀请一些邻居或朋友的孩子到家里来聚会，给他们一个轻松、和谐的环境，让孩子能够在家里和同伴们一起学习、做游戏，使孩子有一种做主人的感觉，容易克服羞涩心理。

3. 让孩子融入一个团结向上的班集体

让孩子多参加一些学校或班级组织的集体活动，鼓励孩子为集体、为同学出力。同时鼓励孩子多接触其他班级的孩子，到其他班级去找好朋友，让孩子体验合群的快乐。

别跟坏孩子混在一块儿

在父母心目中，总会有“好孩子”和“坏孩子”之分。有些父母认为，为了自己的孩子好，自己就有权管理孩子的日常交往，决定他们哪些朋友可以交往，哪些“坏孩子”不能交往。父母总会以“孩子辨别是非好坏的能力差”为借口，命令孩子：“不要同那些坏孩子混在一起，你也会学坏的。”“××是个‘坏孩子’，你敢和他一起玩，看我不收拾你！”在父母的严格要求下，孩子失去了“坏孩子”朋友，变得容易怀疑别人，看到朋友有一点错误，就说对方是“坏孩子”，最终影响孩子正常的人际交往。也有的孩子认为父母的判断错误，偏偏要同“坏孩子”在一起，导致家庭关系紧张。

小琴的妈妈生怕小琴受他人或外界的不良影响，总是从各个方面管束小琴，人杂的地方不让她去，尽量不让小琴在外面买吃的东西以免不干净，少同陌生人说话，甚至还限制她同朋友的交往。

在朋友交往的问题上，妈妈有她自己的看法，她认为小琴还小，许多时候缺乏判断，容易被坏人影响和蒙骗。妈妈明确地告诉小琴：喜欢打架骂人的，生活懒散的，不讲卫生的，甚至是学习不好的人，都是“坏”孩子，不能同这些人交往。

妈妈说：“外面都是坏人，你千万要小心，别跟坏孩子混在一块儿。”小琴似乎明白了妈妈的意思，但是又不太明白：为什么有些妈妈说是“坏”孩子的人，自己并没有觉得有多“坏”呢？

就拿小琴的“铁哥们儿”王××来说吧，他虽然爱打架，但是总是为别人打抱不平，看见有大孩子欺负小同学，他会出面制止，甚至同欺负别人的孩子打架。有一次，小琴的新铅笔被人故意踩坏了，还是王××帮着向那人说理，要回赔偿的。小琴同王 ×× 在一起的时候，觉得自己能够得到同情和照顾，两个人真诚相处，在一起玩耍、学习，都很开心。

但是现在，妈妈得知王 ×× 爱打架，而且学习不如小琴好，就不让小琴同他交往了，王 ×× 真的是“坏孩子”吗？

小琴这些天心里很烦：难道真的要同王 ×× 绝交吗？没有了这个朋友，一个人多孤单啊！

小琴的妈妈由于担心小琴受到坏孩子的影响，仅仅凭着自己的感觉，就对小琴的交往横加指责，说她这也不对，那也不许，还不让小琴同自己最好的朋友交往，这些都深深地伤害了小琴。小琴是个懂事的孩子，她深爱着自己的妈妈，但是面对父母的干涉和管束，孩子是苦闷的，如果再这样继续下去，后果势必会变得严重起来。

专家认为，现实中没有“坏孩子”，只有不合格的父母。如果父母一味坚持孩子按照自己规定的范围、标准去选择朋友，同所谓的“坏孩子”绝交，势必会让孩子无所适从，觉得社会和现实中到处是坏人，别的孩子太可怕，从而无从选择，无法适应人际交往。如果孩子不认同父母的观点，必然会产生顶撞行为和反抗的心理，从而影响亲子关系。

孩子学坏的原因是多方面的。有的是接触了坏人，受了坏人的教唆；有的是因为看了不健康的书，寻找刺激；但多数是由于他们对学习没兴趣，丧失了进取心所致。这样的孩子常常会感到自卑，在家庭、学校受到冷遇，得不到温暖。因此，他们便想方设法寻求精神上的寄托，从而获得心理上的平衡。为了孩子的健康成长，父母就要担负起更多的责任，同子女多沟通，给子女更多的关爱，了解孩子的真实想法和内心感受；给孩子创造更好的学习和成长环境，多与学校、老师沟通，掌握更多的情况；对孩子进行有效的引导和监督，让孩子把精力放在学习上；尊重孩子的交友选择，要学会接纳孩子的朋友，看到那些所谓“坏朋友”的可贵之处，因为孩子自己会在生活经历中吸取经验和教训，从稚嫩走向成熟的。

专家支着：

如何帮助孩子正确交友？

1. 鼓励孩子去结交好朋友

父母不要用“外面都是坏人”“某某某是坏孩子”等，干涉孩子走向社会结交朋友，这样会使孩子对社会产生恐惧感，从而可能变得不合群，失去朋友，甚至变得孤独和自闭。要鼓励孩子多接触社会，多接触和认识其他人，多结交好朋友。同时，父母要关心孩子，亲近孩子，给孩子以温暖，而不是让孩子把所有的感情都寄托在朋友身上。

2. 不要贸然干涉孩子正常的交往

父母不能贸然干涉孩子的正常交往，不能仅凭感觉或因一时的误会就限制孩子与他人的交往。但是，父母有责任建议孩子交什么朋友。子女的朋友是“好孩子”还是“坏孩子”，父母不要轻易下结论，要经过一段时间的监督和考察才行。如果对方是能同自己的子女友好相处，能与子女共同进步的“好朋友”，就要鼓励子女同他们交往。如果对方确实是有恶习或恶行的，就必须提醒孩子，同这些人保持距离。

3. 坚决断绝同坏孩子的往来

如果孩子结交品行不端的朋友，这些坏朋友真的有可能把一个听话乖巧的好孩子引入歧途，影响他正常的学习和生活。此时，父母就必须坚决果断地阻止孩子同这些坏朋友、坏孩子交往。父母如果能说服教育自己的子女最好，通过引导教育，相信大部分孩子都能认识到自己的错误。如果孩子实在不听话，父母就必须坚决地采取隔离措施，如让孩子转学等，必须果断抉择。

作业写不完就别想吃饭

做作业是孩子学习生活中最重要的事情之一。通常老师布置完作业后，学生到了家里的第一件事情就是写作业。但是，由于家里没有那么严格的上下课时间、纪律等方面的规定，孩子到了家里就容易放松，容易受到外界的影响和干扰。有些父母总是特别关心孩子的作业完成情况，总是提醒孩子要按时完成作业，写好作业，在作业写完前，不许干这，不许做那的。有些父母甚至会威胁孩子说："作业写不完就别想吃饭！"如果孩子饿着肚子写作业，必然会影响身体健康。同时，如果孩子写作业时，心思在吃饭上，自然就容易出错，作业自然也写不好，这会影响老师对孩子的评价，最终影响孩子的学习成绩。

这天，可意的班主任许老师到家里来家访，爸爸恰好带着可意串门去了，家里就剩下了妈妈一个人在。看到许老师来，可意的妈妈赶忙迎接，并很客气地让许老师坐下。

说了一些客气话后，两人就步入了正题，谈到了可意的学习生活等情况。许老师对可意的妈妈说，有老师反映可意的作业完成情况很差，不少题都答错了。可意的妈妈听说后，对老师解释说："我对可意的要求可严格了，每天都监督他要完成作业，要是写不完作业，我甚至会不让他吃饭、睡觉。"

许老师听可意的妈妈说完，就十分严肃地说："我今天跟你说的，就是这件事情。"说着，许老师便拿出一个日记本来（老师规定，学生要按时记日记，并且老师要检查），可意的妈妈一看就知道那是可意的日记本，她一脸茫然地看着许老师，不知道许老师是什么意思。

许老师让可意妈妈看看这日记本中的第五篇日记，可意写的标题是“10月18日，一个令人讨厌的星期天”。在日记中，他写道：

今天的作业可真多啊。从星期五回到家，我就想着赶紧写完作业，好痛痛快快地玩两天，可我总是受到干扰。星期六，上午我在睡觉，到了中午，爸爸的一帮朋友来了，他们中午吃吃喝喝的很吵，下午又打起了麻将，一直到晚上才散。到了星期天，我本想好好地写作业，可上午妈妈说去超市大采购，要我跟着去。下午回来，爸爸又看起了足球比赛，声音吵死人了，就这样一直到了晚上5点。

爸爸和妈妈这个时候想起了我的作业来，知道我还没有写多少时，妈妈把我关在自己的房间里，要我认真写作业，还让爸爸在一旁监督。

怎么会有那么多让人讨厌的作业需要完成呢？明天就要交作业啊！我越是紧张，越是心烦意乱，就越不能很好地写作业。有些题目我本来会做，可是现在就是大脑不会转弯，不知道如何解答。

眼看时间一分一秒地过去，我的肚子也咕咕地叫了起来，我说先去吃饭再写作业吧，可妈妈坚决地说：“作业写不完，不许吃饭！”

我还要一边苦苦思考，一边忍受着饥饿的折磨，唉，太痛苦了！回想起来，我的星期天真不快乐，简直就是非常痛苦，怎么会这样呢？

写不下去了，我还没吃饭呢！

看着可意的日记，妈妈陷入深深的思考中……

在时间充裕的时候，父母没有给可意创造良好的环境让他去完成作业，到了后来时间不够用了，才去严格要求他抓紧时间完成，甚至写不完作业不让吃饭，这种做法是极其错误的。

为了让孩子更好地完成作业，父母应该创造一切条件，让孩子可以安心地学习和做作业。若是孩子不能按时完成作业，父母也要先了解情况，如果是大人的原因，那么父母就要反思和改正；如果是孩子拖拉、题目较难等，就要采取别的措施。总之，父母要“对症下药”，用不给孩子饭吃来威胁孩子，必然会让孩子产生逆反心理。同时，孩子正是长身体、需要摄取大量营养的时候，做作业其实是一项很费神的脑力劳动，如果营养跟不上，势必会影响孩子的健康。

因此专家给各位父母的建议是：不要让孩子拖到吃饭时作业还写不完；即使孩子作业没有写完，也要先让他吃完饭再说。

专家支着：

如何纠正孩子不按时完成作业的毛病？

1. 合理安排孩子的时间

父母要合理安排孩子的学习和休息的时间，给孩子充分的时间去完成作业，父母也不要任意占用、干扰孩子用来学习、写作业的时间，也不要指使孩子去做本该父母自己做的事情。需要注意的是，不能让孩子一味地学习、写作业，要给孩子留有一定的自由时间，让他可以游玩、休息、运动等，做一些自己想做的事情。只有做到劳逸结合，才有利于孩子的身心健康和学习成绩的提升。选择好写作业的最佳时间也很重要，让孩子在最好的状态下完成作业，孩子才能精力充沛，思维活跃。

2. 提升孩子做作业的时间利用效率

有时候，孩子作业写不完，是因为孩子做作业时不认真，总是喜欢拖拉，浪费了有限的时间，因而作业完成的效率不高。这个时候，父母要及时指出孩子的错误和不足之处，要孩子提高做作业的时间利用率。父母要告诫孩子，做作业时要专心、专注，不要总是胡思乱想，不要总是做没用的事情，三心二意是做不好任何事情的。

3. 用兴趣引导孩子

孩子不能按时完成作业，很重要的原因是他们对作业和一些学习科目不感兴趣。父母只有引导孩子，让他们发现学习中的乐趣，找到提高成绩的好方法，孩子才更愿意去完成这一科目的作业。学习兴趣不是一朝一夕培养起来的，这需要父母有足够的耐心。有了学习兴趣，孩子的成绩才可能不断提高，成绩提高了，孩子才能更有信心，做作业的热情才能更高。

只要你听话，我就给你买

父母总是希望自己的孩子能够听话，能按照自己的想法和要求去做事情。为了达到目的，许多父母认为必须采取奖励的办法。这些父母通常会说："宝贝，只要你听话，我就给你买 ×× 玩具"，也会有父母威胁孩子："你要是再不听话，就别想让我给你买 ×× 了！"在父母的利益诱惑下，孩子暂时放弃了自己的要求，然而他有可能从此变得动不动就要求父母奖赏，成为一个只喜欢物质利益，不懂得道理的人。一旦有一天孩子没有自己想要的东西了，或者父母无法满足他的要求了，他就会丧失听话的耐心和学习的兴趣。如果亲子间成了收买关系，那么家庭也将失去人情味，孩子将来也有可能误入歧途。

明达读小学三年级，聪明好学，成绩也很不错。这天，明达正在家里看书，家里来了一些妈妈的朋友，她们大声聊着天，一会儿又打起麻将来。

明达跑到客厅，说："妈妈，你们小声点，我都没法看书了。"妈妈答应了。可十分钟过去了，客厅依然是人声嘈杂。明达生气了，他跑到客厅把电视声音开到最大。妈妈训斥他道："明达，把电视关掉！这么多阿姨都在，你听话，到小区里去玩。"明达生气地说："我就待在自己家！""乖，只要你听话，我就给你买你喜欢的东西！"妈妈劝说明达。"那你给我买一套奥特曼玩具，我就出去。"明达立刻提出了条件。妈妈有些不耐烦地说："好吧，好吧……""那好，一言为定啊。"被妈妈的玩具"收买"的明达，果真不再"打扰"妈妈玩牌了。

明达把书丢在一边，到小区公园玩去了。他想着马上可以得到梦寐以求的玩具，真是高兴极了。此刻，明达哪里还有工夫考虑学习……

故事中，明达为了好玩的玩具，竟然放弃了读书。妈妈用玩具“收买”明达，不仅影响了明达的学习，还让他养成了做事同好处挂钩的坏习惯，这对孩子的成长是极其不利的。

父母对孩子提出要求时，不要总是同许诺和奖赏挂钩。表现好的孩子受到一定的奖励，并非不可以，但是注意要以精神奖励为主，父母可以多表扬、赞美、鼓励孩子，使其产生成就感，让孩子得到精神上的满足，其作用和意义比某些物质奖励更为重要。

专家支着：

怎样合理奖赏孩子

1. 不要轻易承诺孩子过高的奖赏

父母需要注意，对孩子承诺的奖赏不要过高，要切合实际，适合孩子的现实需要，而且也比较容易兑现。否则，孩子有可能为了获得高奖赏而想尽办法去满足、讨好父母，甚至是不择手段。况且，如果给孩子过高的承诺，在孩子达到兑现承诺的条件后，父母迫于承诺过高、花费过大而无法兑现承诺，必然会影响父母的信誉和威望，给亲子关系带来不利影响。

2. 用好精神奖励

一句鼓励的话语，一个亲切的关心问候，全家人一起游山玩水，都可以作为给孩子的奖赏。与物质奖励相比，精神上的奖励更能让孩子感到满足，这种奖励对孩子的激励会更持久。

3. 奖赏的办法不要过多过滥

父母给孩子一定的奖励，是对孩子取得成绩、做出让人满意的事情的一种正面激励，这会促使他继续努力。父母偶尔为之，孩子会感到很有动力，但是不要过多过滥地运用奖赏的办法。如果父母动不动就将孩子做的任何事情同奖赏挂钩，过多使用奖赏的办法，孩子轻而易举就可以得到奖赏，奖赏也就逐渐失去了本来的意义。

书目

001. 唐诗
002. 宋词
003. 元曲
004. 三字经
005. 百家姓
006. 千字文
007. 弟子规
008. 增广贤文
009. 千家诗
010. 菜根谭
011. 孙子兵法
012. 三十六计
013. 老子
014. 庄子
015. 孟子
016. 论语
017. 五经
018. 四书
019. 诗经
020. 诸子百家哲理寓言
021. 山海经
022. 战国策
023. 三国志
024. 史记
025. 资治通鉴
026. 快读二十四史
027. 文心雕龙
028. 说文解字
029. 古文观止
030. 梦溪笔谈
031. 天工开物
032. 四库全书
033. 孝经
034. 素书
035. 冰鉴
036. 人类未解之谜（世界卷）
037. 人类未解之谜（中国卷）
038. 人类神秘现象（世界卷）
039. 人类神秘现象（中国卷）
040. 世界上下五千年
041. 中华上下五千年·夏商周
042. 中华上下五千年·春秋战国
043. 中华上下五千年·秦汉
044. 中华上下五千年·三国两晋
045. 中华上下五千年·隋唐
046. 中华上下五千年·宋元
047. 中华上下五千年·明清
048. 楚辞经典
049. 汉赋经典
050. 唐宋八大家散文
051. 世说新语
052. 徐霞客游记
053. 牡丹亭
054. 西厢记
055. 聊斋
056. 最美的散文（世界卷）
057. 最美的散文（中国卷）
058. 朱自清散文
059. 最美的词
060. 最美的诗
061. 柳永·李清照词
062. 苏东坡·辛弃疾词
063. 人间词话
064. 李白·杜甫诗
065. 红楼梦诗词
066. 徐志摩的诗

067. 朝花夕拾
068. 呐喊
069. 彷徨
070. 野草集
071. 园丁集
072. 飞鸟集
073. 新月集
074. 罗马神话
075. 希腊神话
076. 失落的文明
077. 罗马文明
078. 希腊文明
079. 古埃及文明
080. 玛雅文明
081. 印度文明
082. 拜占庭文明
083. 巴比伦文明
084. 瓦尔登湖
085. 蒙田美文
086. 培根论说文集
087. 沉思录
088. 宽容
089. 人类的故事
090. 姓氏
091. 汉字
092. 茶道
093. 成语故事
094. 中华句典
095. 奇趣楹联
096. 中华书法
097. 中国建筑
098. 中国绘画
099. 中国文明考古
100. 中国国家地理
101. 中国文化与自然遗产
102. 世界文化与自然遗产
103. 西洋建筑
104. 西洋绘画
105. 世界文化常识
106. 中国文化常识
107. 中国历史年表
108. 老子的智慧
109. 三十六计的智慧
110. 孙子兵法的智慧
111. 优雅——格调
112. 致加西亚的信
113. 假如给我三天光明
114. 智慧书
115. 少年中国说
116. 长生殿
117. 格言联璧
118. 笠翁对韵
119. 列子
120. 墨子
121. 荀子
122. 包公案
123. 韩非子
124. 鬼谷子
125. 淮南子
126. 孔子家语
127. 老残游记
128. 彭公案
129. 笑林广记
130. 朱子家训
131. 诸葛亮兵法
132. 幼学琼林

133. 太平广记
134. 声律启蒙
135. 小窗幽记
136. 孽海花
137. 警世通言
138. 醒世恒言
139. 喻世明言
140. 初刻拍案惊奇
141. 二刻拍案惊奇
142. 容斋随笔
143. 桃花扇
144. 忠经
145. 围炉夜话
146. 贞观政要
147. 龙文鞭影
148. 颜氏家训
149. 六韬
150. 三略
151. 励志枕边书
152. 心态决定命运
153. 一分钟口才训练
154. 低调做人的艺术
155. 锻造你的核心竞争力：保证完成任务
156. 礼仪资本
157. 每天进步一点点
158. 让你与众不同的 8 种职场素质
159. 思路决定出路
160. 优雅——妆容
161. 细节决定成败
162. 跟卡耐基学当众讲话
163. 跟卡耐基学人际交往
164. 跟卡耐基学商务礼仪
165. 情商决定命运
166. 受益一生的职场寓言
167. 我能：最大化自己的 8 种方法
168. 性格决定命运
169. 一分钟习惯培养
170. 影响一生的财商
171. 在逆境中成功的 14 种思路
172. 责任胜于能力
173. 最伟大的励志经典
174. 卡耐基人性的优点
175. 卡耐基人性的弱点
176. 财富的密码
177. 青年女性要懂的人生道理
178. 倍受欢迎的说话方式
179. 开发大脑的经典思维游戏
180. 千万别和孩子这样说——好父母绝不对孩子说的 40 句话
181. 和孩子这样说话很有效——好父母常对孩子说的 36 句话
182. 心灵甘泉